Jenny Alexander

„Das ist gemein!" –
Wenn Kinder Kinder mobben

HERDER spektrum

Band 4770

Das Buch:

Wenn Kinder ein anderes Kind ausgrenzen und beschimpfen, wenn sie treten, spucken oder stoßen – dann ist das keine Sache, die die Kinder „unter sich ausmachen müssen". Dann ist die Unterstützung und Hilfe der Eltern ganz wichtig. Daß Kinder handgreiflich oder mit Worten von anderen Kindern drangsaliert werden, ist ein großes Problem. Seine Auswirkungen können weiter reichen, als es die unmittelbaren Folgen erkennen lassen – bis hin zu gravierenderen körperlichen Problemen und destruktivem Verhalten, das das Kind noch weiter und auch von seinen Eltern isoliert. Jenny Alexander, die als Mutter von vier Kindern selbst damit konfrontiert war, geht diesem Problem einfühlsam und praktisch auf den Grund.

Eltern fühlen sich in einer solchen Situation oft hilflos. Empörung hilft nicht weiter. Darum brauchen sie konkrete Orientierung – um ihr Kind zu schützen und um sein Selbstvertrauen wieder herzustellen und zu stärken. Diese Orientierung bietet Jenny Alexanders Buch.

Viele Kinder, die drangsaliert werden, versuchen ihre Gefühle zu verbergen. Die Autorin macht deshalb zunächst deutlich, welche Anzeichen im Verhalten eines Kindes aufhorchen lassen sollten. Sie empfiehlt Strategien für das Aufdecken des Problems an der Schule, wenn es sich um physische Attacken handelt – und wie Eltern mit dem Versuch der Verharmlosung von seiten der Schulleitung umgehen können. Dabei betont sie, daß das Kind immer über die Schritte der Eltern informiert und miteinbezogen sein muß.

Jenny Alexander macht deutlich, wie Eltern ihrem Kind helfen können, sich selbst zu helfen; wie sie ihm zu Hause eine positive Umgebung schaffen können; wie sie sein Selbstvertrauen stärken können; wie sie mit Ärger, Aggressionen und Angst umgehen können – und was sie aus der Situation für sich selbst lernen können.

Ein Buch, das Schritt für Schritt weiterhilft und in einer schwierigen Problemsituation Eltern und Kindern kreative und effektive Wege zur Lösung eröffnet. Jenny Alexander geht auf die praktische und die seelische Seite eines immer mehr um sich greifenden Problems ein und zeigt konkrete Handlungsmöglichkeiten auf.

Die Autorin

Jenny Alexander ist Autorin mehrerer Kinderbücher und Kindersachbücher; sie ist mit dem Leiter einer Grundschule verheiratet und hat vier Kinder.

Jenny Alexander

„Das ist gemein!" – Wenn Kinder Kinder mobben

So schützen und stärken Sie Ihr Kind

Aus dem Englischen
von Angelika Dörr

Herder
Freiburg · Basel · Wien

Titel der amerikanischen Originalausgabe:
Your Child – Bullying.
© Jenny Alexander. This translation of Your Child – Bullying,
originally published in English in 1998,
is published by arrangement with Element Books

Gedruckt auf umweltfreundlichem,
chlorfrei gebleichtem Papier

Alle Rechte vorbehalten – Printed in Germany
© Verlag Herder Freiburg im Breisgau 1999
Satz: Rudolf Kempf, Emmendingen
Herstellung: Freiburger Graphische Betriebe 1999
Umschlaggestaltung: R·M·E, Roland Eschlbeck, Liana Tuchel
Umschlagbild: © Image Bank
ISBN 3-451-04770-5

Kinder
werden durch das erzogen,
was ein Erwachsener ist
und nicht durch das,
was er sagt.

C. G. Jung
(Gesammelte Werke, Bd. 9)

Jenny Alexander wurde in London geboren und besuchte dort auch die Universität. Danach lebte und arbeitete sie zwanzig Jahre lang in den verschiedensten Teilen von Großbritannien und zog ihre vier Kinder groß.

In den vergangenen Jahren veröffentlichte sie mehrere Kinderbücher. Das erste, *Stumpy-Toe* (Hamish Hamilton, 1995), handelt vom Mobbing unter Kindern. Das zweite, *Miss Fisher's Jewels* (Hamish Hamilton, 1996), erzählt, wie wichtig es ist, seinen Gefühlen Ausdruck zu geben. Weitere Geschichten befaßten sich mit Themen wie der Überwindung von Angst und Vorurteilen und dem Mut, man selbst zu sein.

Als sie in ihrem eigenen Alltag mit dem Problem von Mobbing unter Kindern konfrontiert wurden, suchten Jenny Alexander und ihre Kinder nach kreativen und wirksamen Methoden, um damit umzugehen. Das vorliegende Buch, „Das ist gemein!" ergab sich ganz natürlich aus diesen Erfahrungen.

Inhalt

Danksagung

Ich möchte an dieser Stelle gerne all den Autoren und Autorinnen danken, deren Bücher über die verschiedensten Themen im Laufe der Jahre zu meinem Verständnis des Mobbing-Problems unter Kindern beigetragen haben. Besonders dankbar bin ich Susan Jeffers, die mir erlaubte ihren Ansatz „Weite deine Grenzen" zu benutzen und Penny Parks für ihre „Rettungsszene für das innere Kind".

Meiner Agentin, Sara Menguc, und meinem Verleger bin ich sehr dankbar, denn ohne ihren Glauben und ihren Enthusiasmus wäre dieses Buch nicht entstanden.

Ich möchte meinem Ehemann, Ian, für seine immerwährende Freundschaft und seine Unterstützung danken.

Am meisten aber danke ich meinen Kindern, deren Erfahrungen mit Mobbing mich soviel über meine eigenen gelehrt haben.

Vorbemerkung der Übersetzerin:

Die Bedeutung der englischen Wörter „to bully" – einschüchtern, tyrannisieren, schikanieren, drangsalieren, unter Druck setzen – entspricht dem, was wir im Deutschen mit dem englischen Lehnwort „mobben" ausdrücken. In der pädagogischen Fachliteratur wird das englische Wort bully zum Teil direkt übernommen („Bully-Verhalten"); allerdings hat es sich im Deutschen noch nicht durchgesetzt. An Stellen, die sich auf den gesamten Umfang dieses aggressiven Verhaltens beziehen, haben wir uns deshalb in der Übersetzung für den Begriff „mobben" entschieden.

Einführung

Ganz zu Beginn möchte ich hier sagen, daß dies nicht ein allgemeines Buch zum Thema Mobbing unter Kindern ist. Es ist ein Selbsthilfebuch für Eltern, deren Kinder von anderen drangsaliert werden. Sie werden hier keine Zahlen und Fakten vorfinden, keine Statistiken und psychologische Gutachten, denn das Thema des Buches ist die alltägliche praktische Herausforderung, Ihrem Kind dabei zu helfen, mit dem Mobbing zurechtzukommen.

Wenn es dieses Buch schon gegeben hätte, als mein Kind tyrannisiert wurde, hätte es meiner Familie wohl mehrere Monate akuter Angst und Leiden erspart. Das ist der Grund, warum ich dieses Buch geschrieben habe.

Mobbing unter Kindern ist ein schockierendes Problem. Zuerst ist da der Schock, wenn Sie herausfinden, wie unbeschreiblich grausam Kinder zueinander sein können. Dann der Schock für die Eltern, die es plötzlich mit einem Kind zu tun haben, das unter extremem Streß steht. Und schließlich ist es auch ein Schock zu entdecken, daß auch Sie zum Opfer werden, wenn Ihr Kind drangsaliert wird.

Das Unglücklichsein Ihres Kindes macht Sie unglücklich, seine Angst macht sie ängstlich. Wenn Ihr Kind sich davor fürchtet, in die Schule zu gehen, fürchten Sie sich davor, es dorthin zu schicken. Sie fühlen denselben ohnmächtigen Zorn gegenüber der Situation, in der es steckt. Und gegenüber den Leuten, die es leiden lassen, empfinden Sie denselben mörderischen Haß.

Ich wollte nicht, daß mein Kind ein Opfer ist und ich wollte auch selbst keines sein. Deshalb schrieb ich alle Organisationen an, die sich mit dem Thema Mobbing unter

Kindern beschäftigen, bestellte alle empfohlenen Bücher und suchte nach Ideen, welche wirksamen Maßnahmen wir ergreifen konnten.

Ich stellte fest, daß die gängigen Ratschläge in zwei Hauptkategorien einzuordnen sind: Wie bekommt man Hilfe von der Schule des Kindes und wie kann Ihr Kind sich selbst helfen.

Sobald mein Mann und ich mit der Schule Kontakt aufnahmen, fiel mir auf, daß, selbst wenn sie es schaffen sollten, die Schikanen zu unterbinden, mein Kind immer noch verletzlich wäre. Kinder, die einmal unter Druck gesetzt wurden, werden das sehr wahrscheinlich wieder – aus dem einfachen Grund, weil es bereits einmal passiert ist. Kinder, die wiederholt schikaniert werden, verlieren immer mehr die Fähigkeit, sich zu verteidigen. Es war Sache der Schule, die aktuelle Situation zu klären, aber es war Sache meines Kindes, zu lernen, nicht angreifbar zu sein.

Auch die meisten Ratschläge, die ich zu der Frage finden konnte, was man einem drangsalierten Kind sagen kann, fielen in zwei Kategorien: Entweder sie waren so offensichtlich, daß wir sie sowieso schon anwandten – wie zum Beispiel das Vermeiden von Plätzen, an denen die Leute anzutreffen waren, die unser Kind bedrohten – oder sie waren, offen gesagt, nicht praktikabel. Ich probierte sie nur deshalb aus, weil mir nichts anderes einfiel, was ich hätte tun können. Und heute wünschte ich, ich hätte es bleiben lassen.

Rein theoretisch mag es sich wunderbar anhören, daß unter Druck gesetzte Kinder sich einem Lehrer anvertrauen sollen, so tun sollen, als ob es ihnen nichts ausmacht, sich sicherer geben, Vereinen beitreten und neue Freunde finden sollen. Aber, wie Sie vielleicht wissen, wenn Ihr Kind in einer solchen Situation ist, sind das keine echten Möglichkeiten für ein Kind, dessen Selbstachtung erschüttert worden ist. Wer von unsicheren Kindern solch ein Verhalten verlangt, programmiert den Mißerfolg bereits vor. Und dieser Mißerfolg wird auch Ihnen ein nur noch hilfloseres und frustrierteres Gefühl geben.

Ich kam zu dem Schluß, daß der gängige Ansatz – der Versuch nämlich, schikanierte Kinder dahin zu bringen, ihr Verhalten zu ändern, ohne zuvor ihre Gefühle anzusprechen – bedeutete, den Wagen vor das Pferd zu spannen. Es ist zwecklos, von Kindern, die sich schlecht fühlen, zu verlangen, so zu tun, als würde es ihnen nichts ausmachen. Sobald es ihnen gut geht, ändert sich ihr Verhalten sowieso automatisch. Die Frage war also, wie kann man erreichen, daß jemand sich mit sich selbst wohlfühlt? Ich wußte es nicht, aber ich wußte, wie ich es herausfinden konnte.

Ich ging wieder in die Buchläden und Bibliotheken. Doch dieses Mal suchte ich nicht nach Büchern über Mobbing unter Kindern, sondern nach solchen über positives Denken, Methoden zur Stärkung der Selbstachtung und zum Umgang mit der enormen Angst und dem Zorn, die mein Kind empfand.

Ich bin eigentlich nicht der Typ, der solche Bücher liest, aber es stellte sich heraus, daß sie vollgestopft waren mit aufmunternden Anekdoten, hilfreichen Zitaten und praktischen Übungen. Ich war sicher, daß diese Ideen meinem Kind helfen konnten. Aber all diese Bücher waren für Erwachsene geschrieben und ich konnte keines finden, das sich an Kinder wandte.

Ich beschloß, die Anregungen an mir selbst auszuprobieren, schließlich war auch ich ein Opfer. Auch ich mußte mich Trauer, Angst und Zorn aufgrund der Mobbingsituation stellen. Wenn mein Kind mitmachen wollte, konnte es das, denn ich wollte Schritt für Schritt erklären, was ich tat.

Ich begann mit positivem Denken: Das sah so aus, als ob es einfach sei und Spaß machen würde. Ich erklärte es meinen Kindern anhand von positiven und negativen Wörtern. Um klar zu machen, worum es ging, schlug ich vor, daß wir versuchen wollten, während einer ganzen Mahlzeit nur positive Worte zu benutzen. Wir gingen die Sache spielerisch an.

Wir hatten alle Spaß damit und die Kinder wollten mehr wissen. Während der nächsten Wochen lasen sich die älteren in einigen der einfacheren Bücher fest und selbst die jüngeren, die damals acht und sechs Jahre alt waren, hatten keine Schwierigkeiten, das Wesentliche zu verstehen.

Das positive Denken half der ganzen Familie dabei, ruhiger zu werden und das Gefühl zu bekommen, nicht völlig ausgeliefert zu sein. Das bedeutete, daß unser Haus zu einer Umgebung wurde, in der der angeknackste Optimismus und die Lebensfreude unseres Kindes wiederbelebt werden konnten.

Weiter machten wir uns Gedanken darüber, eine Umgebung zu schaffen, die vor allem die Selbstachtung aufbauen konnte. Und wir überlegten, wie wir auf positivere und widerstandsfähigere Weise mit den Herausforderungen der ungewöhnlich großen Angst und des extremen Zorns umgehen sollten.

Das Programm, das wir entwickelten, funktionierte erstaunlich gut. Ich hatte gehofft, daß es meinem Kind helfen würde, sich glücklicher und selbstsicherer zu fühlen. Die Tatsache, daß es besser mit den Hänseleien würde umgehen können, sollte den Aufruhr, den es mit nach Hause in die Familie brachte, verringern. Ich hatte auch gehofft, daß ich selbst mich weniger als Opfer fühlen würde.

Tatsächlich erreichten wir aber viel mehr. Denn ich hatte nicht bedacht, daß die Schikanen aufhören würden, sobald sie meinem Kind egal wurden.

All die Anregungen, die uns weitergeholfen haben, sind in diesem Buch vereinigt. Es ist eine kurze und subjektive Auswahl. Für den Fall, daß Sie die eine oder andere Idee genauer verfolgen möchten, finden Sie am Ende des Buches eine Liste mit weiterführender Literatur.

Manche der Ideen werden Ihnen einfach und selbstverständlich vorkommen, andere schwierig. Sicherlich wird es auch Dinge geben, mit denen Sie einfach nicht einverstanden sind. Aber ich hoffe, daß Sie in diesem Buch etwas finden, das Ihnen eine Richtung und ein Ziel gibt, wenn das, was vor sich geht, Sie und ihr Kind verwirrt und hilflos macht.

Die ersten Kapitel des Buches befassen sich damit, wie Sie herausfinden können, was los ist und wo Sie Hilfe finden, wenn Sie welche brauchen. Der Rest des Buches handelt jedoch nur von der Selbsthilfe.

Ich beginne mit den am wenigsten fordernden Bereichen, denn das scheint mir die einfachste Vorgehensweise zu sein. Außerdem: Sich von Schuldgefühlen zu befreien, eine positive Denkweise zu entwickeln und eine gesunde Selbstachtung aufzubauen, sind die beste Vorbereitung, bevor Sie an die wirklich brisanten Themen Zorn und Angst herangehen.

Auf die gleiche Weise gehe ich auch innerhalb der einzelnen Kapitel vor. Ich wende die Anregungen zuerst auf einfache normale Situationen an und schlage Ihnen dann vor, sie direkt auf das Problem des Mobbings zu übertragen.

In meinem Buch gibt es keine Unterscheidung verschiedener Altersgruppen, denn bei diesem Ansatz geht es darum, daß Sie sich die widerstandsfähige Haltung aneignen, die Sie sich für Ihr Kind wünschen und so ein starkes Rollenvorbild abgeben. Ob ihr Kind fünf ist oder 15, es wird aus Ihrem Vorbild lernen. Was Sie sagen, macht so gut wie keinen Unterschied. Deshalb gibt es auch keinen Grund, einen bestimmten Entwicklungsstand besonders zu berücksichtigen.

Ich unterscheide auch nicht zwischen den verschiedenen Personengruppen, die Ihr Kind bedrohen können. Mein Kind machte seine Erfahrungen mit Mobbing in der Schule, aber oft kommt es auch außerhalb der Schule vor, und sowohl Kinder als auch Erwachsene können etwas damit zu tun haben. Aber egal, wer tyrannisiert, die Auswirkungen auf den, der tyrannisiert wird, sind die gleichen. Und mit diesen Auswirkungen setzt sich dieser Ansatz auseinander.

Ich beschäftige mich auch nicht mit all den scheinbaren Gründen, warum Ihr Kind gequält werden könnte. Ob Ihr Kind gehänselt wird, weil es schwarz oder weiß, weiblich oder männlich, dick oder dünn, gut oder schlecht in der

Schule, gesellig oder einzelgängerisch ist, macht keinen Unterschied. Die Auswirkungen sind immer die gleichen.

Leute schikanieren andere, weil sie möchten, daß diese sich schlecht fühlen. Verlust an Selbstvertrauen, geringe Selbstachtung, lähmende Angst und hilflose Wut sind die Auswirkungen, auf die der Schikanierende hofft. Wenn Ihr Kind nicht mehr mit diesen Mustern reagiert, wird er sich ein anderes, dankbareres Opfer suchen.

Jeder, der mit Mobbing zu tun hat, muß Geschick in psychologischer Selbstverteidigung erwerben, um sein Selbstbild zu schützen und mit dem extremen Zorn und der Angst umzugehen. Der einzige Unterschied für Menschen, die sich in irgendeiner offensichtlichen Weise von der Masse unterscheiden oder schon länger Probleme mit Mobbing haben, ist, daß sie diese Techniken öfter anwenden müssen.

Das Großartige an den Techniken, die Ihr Kind braucht, um mit den Schikanen umgehen zu lernen, ist, daß es damit auch alle zukünftigen Herausforderungen und Rückschläge mit mehr Mut und Selbstvertrauen angehen kann. So lernt es all seine Fähigkeiten in jedem Lebensbereich richtig einzuschätzen.

Sie brauchen Ausdauer und Engagement für die Zusammenarbeit, um diese Techniken zu meistern, aber anders als die gewöhnlicheren Ratschläge, funktionieren sie. Ebenfalls im Unterschied zu den gewöhnlichen Ansätzen greift dieser voll auf die wertvollste Kraftquelle Ihres Kindes zurück – Sie.

Kapitel 1

Die Tatsachen

Es gibt Tatsachen, die Sie als Eltern nicht wissen müssen. Dazu gehört zum Beispiel, wieviele der Jungen oder Mädchen, die andere drangsalieren, selbst körperlich krank sind und wie hoch der Prozentsatz der Kinder bis zehn Jahre ist, die sehr große / ein bißchen / überhaupt keine Angst haben, von anderen schikaniert zu werden.

Die Statistik in den Mittelpunkt zu rücken, hilft Ihnen nicht weiter. Es führt lediglich dazu, daß Sie Kinder nur noch in die Kategorien „Opfer" und „Tyrann" einordnen, anstatt zu erkennen, daß die Mobbingsituation nur einen Teil von deren Leben ausmacht. Es kann außerdem dazu führen, daß Sie sich den Kopf darüber zerbrechen, was mit Ihrem Kind nicht in Ordnung ist, daß es ein Tyrann oder ein Opfer wurde. Dieser Ansatz schaut nur zurück und bleibt passiv – er bewirkt nichts, was Sie weniger wütend und verwirrt macht.

Wenn Sie eine aktivere Haltung einnehmen und Lösungen statt Erklärungen suchen möchten, sind die einzigen Tatsachen, über die Sie Bescheid wissen müssen:

Was ist Mobbing?

und

Wird Ihr Kind gemobbt?

Was ist Mobbing?

Mobbing läßt sich im Wesentlichen in zwei Kategorien einordnen: in körperliche und nicht körperliche Schikanen.

Zu körperlichem Mobbing gehört Treten, Schlagen, Schubsen, Spucken, Beschädigung von Besitz, Diebstahl und Erpressung.

Nicht-körperliches Mobbing umfaßt Ärgern, Reizen, Beschimpfungen, Drohungen, Ausschließen aus der Gruppe und Verleumdungskampagnen.

In der Vergangenheit wurde das handgreifliche Schikanieren meist ernster genommen als die nicht-körperliche Variante, zum Teil wohl, weil die Aktionen, die es umfaßt, in der Erwachsenenwelt strafbar sind. Aber die Zeiten ändern sich.

Psychische Verletzungen werden nun ebenso verfolgt. In Großbritannien gibt es neue Gesetze gegen diese Nachstellungen, und kürzlich wurde der Präzedenzfall einer 12jährigen vor Gericht verhandelt, die ein älteres Kind der Körperverletzung beschuldigte, obwohl die Aggressionen, unter denen sie zu leiden gehabt hatte, rein verbaler Natur gewesen waren. In einem anderen Fall bekam ein Junge, der seine Schule verklagte, da sie nicht imstande gewesen war, ihn vor rassistischen Beschimpfungen zu beschützen, erheblichen Schadensersatz zugesprochen. (Auch in Deutschland etwa werden psychische Angriffe, die körperlichen Folgen zeigen, strafrechtlich verfolgt.)

Wie ernst wir Mobbing nehmen müssen, zeigen uns die Folgen, die für die beteiligten Menschen daraus entstehen. Diese hängen von vielen Faktoren ab, jedoch nicht von der Art der Schikane.

Eines läßt sich allerdings grundsätzlich feststellen: Nur sehr selten hinterlassen die Quälereien langfristige körperliche Schäden. Alle Arten des Mobbing aber können zu psychischen Verletzungen führen, unter denen die Betroffenen ein Leben lang zu leiden haben.

Wenn Ihr Kind Ihnen also aufgeregt und nervös vorkommt und Sie nicht wissen, weshalb, ist es sicherlich der Mühe wert, herauszufinden, ob es gemobbt wird.

Wird Ihr Kind gemobbt?

Eltern haben häufig keine Ahnung davon, daß ihr Kind tyrannisiert wird, bis ein Vorfall die ganze Geschichte auffliegen läßt, ein Lehrer ihre Aufmerksamkeit darauf lenkt oder das Kind plötzlich zusammenbricht. Typischerweise gibt es jedoch kleine Zeichen und Symptome, die anzeigen, was vorgeht.

Einige körperliche Anzeichen von Schikanen sind:
– Wunden und Blutergüsse, verlorenes Pausengeld, Beschädigungen an Kleidung und Besitz.
– leichte Beschwerden wie Kopfschmerzen und Magenverstimmungen
– Eßstörungen
– Schlaflosigkeit und Alpträume
– Bettnässen

Anzeichen im sozialen Verhalten sind:
– mangelnde Freude über Freundinnen und Freunde, die zu Besuch kommen, oder über das Besuchen von Freunden
– kein Interesse mehr an Hobbies und Zeitvertreiben
– Zögern, zur Schule zu gehen.

Einige psychische Folgen des Mobbings sind:
– erhöhtes Maß an Ängstlichkeit und Launischkeit
– Wutausbrüche
– Destruktives oder selbstzerstörerisches Verhalten
– Schübe von Apathie und Depressionen
– Überempfindlichkeit gegenüber Kritik

Es kann auch zu einem Rückgang im Engagement und der schulischen Leistung kommen.
Das Problem mit den Zeichen und Symptomen des Mobbings ist, daß sie alle auch Zeichen und Symptome für etwas ganz anderes sein könnten. Sie beweisen nicht, daß

ein Kind gequält wird, sie zeigen nur an, daß es möglich wäre. Sie veranlassen Sie vielleicht dazu, einige diskrete Befragungen unter vertrauenswürdigen Lehrern und den Eltern der Freunde Ihres Kindes anzustellen. Aber die einzige Methode, um wirklich herauszubekommen, ob Ihrem Kind von anderen nachgestellt wird, ist, es dazu zu bringen, selbst mit Ihnen darüber zu sprechen.

Jüngere Kinder werden häufig direkt damit herausrücken. Sie sind daran gewöhnt, daß Erwachsene ihre Probleme für sie lösen und sie stehen in engerem Kontakt mit ihren Lehrern und Eltern, so daß es mehr Gelegenheiten zum Reden gibt.

Ältere Kinder jedoch wollen meist eher niemandem sagen, daß sie schikaniert werden. Sie haben das Gefühl, daß sie in der Lage sein sollten, ihre Probleme alleine zu lösen. Sie glauben – und das oftmals zu recht –, daß ihre Eltern und Lehrer das ebenfalls erwarten und deshalb weniger bereit sind zu helfen. Die Mobbingsituation wird zu einem Geheimnis, und sie schämen sich zu sehr, es preiszugeben.

Scham ist einer der Gründe, warum Ihr Kind ihnen nicht sagen möchte, daß man es nicht zufrieden läßt, aber es gibt noch viele andere.

Einige Gründe, warum Ihr Kind vielleicht nicht darüber reden möchte

1. Angst vor Vergeltung
Menschen, die andere tyrannisieren, drohen ihren Opfern oft Gewalt an, um zu verhindern, daß diese mit jemandem darüber sprechen. Selbst wenn es sich nur um verbale Nachstellungen handelt, haben die Kinder für gewöhnlich Angst, daß die Situation eskalieren könnte.

In Schulen, die sich bisher noch nicht stark genug gegen solche Schikanen gewandt haben, besteht außerdem die realistische Gefahr, daß die Aktionen sich ausweiten, wenn ein Kind darüber spricht.

Das kann etwa so vor sich gehen:

Ein Kind wird von anderen aus seiner Klasse gehänselt. Es spricht mit seinen Lehrern darüber, und die Rabauken werden bestraft. Aber bald macht in der Schule das Gerücht die Runde, daß dieses Kind eine Petze ist, und von nun an wird es auch von Schülern aus anderen Klassenstufen angepöbelt.

2. Gleichgültigkeit

Viele Kinder begreifen nicht, daß das, was ihnen passiert, Mobbing ist. Kleine Kinder werden vielleicht nicht einmal verstehen, daß Schlagen und Treten falsch sind.

Ich erinnere mich daran, daß ich recht erstaunt war, als meine älteste Tochter in die Schule kam und außer ihren vier oder fünf besten Freundinnen auch einen älteren Jungen zu ihrer Geburtstagsparty einladen wollte. Eine Woche später holte ich meine Tochter von einer anderen Feier ab und sah dort den gleichen Jungen.

„Was ist nur sein Geheimnis?" bemerkte ich spaßhaft gegenüber einer anderen Mutter, während wir warteten, bis das letzte Spiel zu Ende war. „Warum haben ihn nur all diese kleinen Mädchen so sehr ins Herz geschlossen?"

Die Mutter lachte laut. „Oh, sie mögen ihn nicht", sagte sie zu mir. „Sie haben Angst vor ihm. Immer, wenn eines der Kinder in der Schule Einladungen verteilt, stürzt er sich auf es und droht ihm, daß er es schlimm treten wird, wenn er nicht auch eine Einladung bekommt."

Meine Tochter bestätigte mir dies später, und ich war wirklich schockiert. Warum hatte sie mir vorher nichts gesagt?

„Ich habe einfach gedacht, daß das in der Schule eben so ist", sagte sie.

Selbst sehr viel ältere Kinder begreifen vielleicht nicht, daß sie gemobbt werden. Ich kenne einen 13jährigen Jungen, der zu einem stabilen Freundeskreis gehörte. Als er sich mit einem aus der Gruppe zerstritt, begannen alle, ihn zu ärgern. Sie taten so, als ob es nur Spaß wäre. Der Junge glaubte schließlich nicht nur, daß er dick und blöd wäre, wie sie sagten, sondern auch, daß er keinen Sinn für Humor hätte, da er der einzige war, der nicht begriff, wie witzig die Sache wäre.

3. Resignation

Kinder glauben oft, daß sie geärgert werden, weil tatsächlich etwas mit ihnen nicht stimmt. Wenn es sich um etwas handelt, das sie beeinflussen können, wie das Tragen von unmodischer Kleidung oder das gute Abschneiden in Klassenarbeiten, werden sie wahrscheinlich versuchen, etwas daran zu ändern.

Das ist normalerweise Zeitverschwendung, und sie bemerken bald: Egal was sie tun, es gibt immer irgend etwas, weswegen andere Kinder sie ärgern können. Damit reihen sie sich in die Gruppe derer ein, die für etwas gehänselt werden, das sie nicht beeinflussen können, wie zum Beispiel ihre Hautfarbe. Und sie kommen zu dem Ergebnis, daß geärgert zu werden etwas ist, womit sie für immer klar kommen müssen.

4. Leugnen

Viele Kinder, die dauernd tyrannisiert werden, können nur gegen alle Vernunft hoffen, daß, wenn sie nur still bleiben und keine Aufregung um die Sache machen, eines Tages alles schon wieder ganz von alleine ins Lot kommen wird.

5. Angst vor Ihrer Reaktion

Die größte Angst, die die meisten Kinder haben, ist, daß man ihnen nicht glauben oder man sie nicht ernst nehmen wird. Und tatsächlich kommt das sehr häufig vor. So auch bei Danny und Juliet (die Namen wurden zum Schutz der Kinder geändert).

Danny und Juliet mußten manchmal miteinander spielen, weil ihre Mütter befreundet waren. Juliet war etwas älter als Danny, und es ärgerte sie, daß sie mit ihm zusammengesteckt wurde. Oft langweilte sie sich. Sie amüsierte sich damit, ihn schonungslos aufzuziehen und einzuschüchtern. Als Danny sich schließlich bei seiner Mutter darüber beschwerte, sagte die, sie sei sicher, daß Juliet das alles nicht so meine. Sie schimpfte ihn aus, daß er sich über so ein bißchen harmlosen Spaß so aufregte.

Ihr Kind fürchtet vielleicht auch, daß Sie auf eine der folgenden Arten reagieren:

Daß Sie . . .

– . . . ihm die ganze Sache aus der Hand nehmen und über die Vorgehensweise entscheiden, ohne sein Einverständnis zu erfragen.

– . . . es kritisieren, daß es überhaupt in solch eine schlimme Situation hineingerutscht ist und daß es nicht in der Lage ist, die Sache alleine in den Griff zu kriegen.

– . . . ihm einen Rat geben, den es nicht befolgen kann, wie zum Beispiel: „Sprich mit einem Lehrer darüber" oder „Tu so, als ob es dir nichts ausmachen würde". Diese Tips haben nur zur Folge, daß Ihr Kind sich noch schlechter fühlt.

– . . . wütend werden.

– . . . sich aufregen.

Bevor Sie sich entschließen, Ihr Kind zu fragen, ob es schikaniert wird, sollten sie sich einige Augenblicke Zeit nehmen und darüber nachdenken, welche schwerwiegenden Gründe es vielleicht hat, nicht damit rauszurücken. Fühlen Sie ihm nach. Wenn es sich dann weigert, darüber zu reden oder zugibt, daß es tyrannisiert wird, aber keine Einzelheiten erzählen will, werden sie weniger in Versuchung sein, es zu bearbeiten. Der Versuch, Ihr Kind dazu zu zwingen, sich zu öffnen, wird es wahrscheinlich nur noch weiter verschließen.

Haben Sie Geduld. Mobbing ist für gewöhnlich eher eine Situation als ein Ereignis. Und es ist eine Situation, in der Ihr Kind wohl schon eine Weile lebt, wenn es erste Anzeichen von Kummer zeigt. Ihr Kind wird es noch ein paar Tage schaffen, während Sie sich Gedanken darüber machen, wie Sie die Bedingungen schaffen können, unter denen Ihr Kind sich sicher genug fühlt, um mit Ihnen zu sprechen.

So geben Sie Ihrem Kind die Sicherheit, die es braucht, um zu reden

Zuerst müssen Sie darüber nachdenken, ob Sie in Ihrem Alltagsleben überhaupt genügend Raum haben, um miteinander zu reden. Die meisten von uns haben nicht sehr viel Freizeit. Für manche Familien ist es in Ordnung, bestimmte Zeiten für Gespräche einzurichten, zum Beispiel bei einem gemeinsamen Essen. Viele andere wiederum empfinden das als künstlich und peinlich.

Sie müssen nicht sofort alles fallen lassen und dauernd miteinander reden. Aber Sie müssen Ihrem Kind klarmachen, daß Sie da sind, wenn es mit Ihnen reden möchte. Und das bedeutet natürlich, daß Sie darauf vorbereitet sein müssen, eine Pause zu machen und Ihrem Kind Ihre volle Aufmerksamkeit zu widmen, wenn es das möchte.

Wenn Ihr Kind also in Ihr Zimmer kommt, halten Sie für ein paar Sekunden mit Ihrer Beschäftigung inne, schauen Sie es an und machen Sie ein paar einleitende Bemerkungen. Ihr Kind kann es sich dann aussuchen, ob es bleiben und reden möchte oder lieber etwas anderes tut.

Wenn Ihr Kind bleibt, werden Sie die Gelegenheit haben, am nächsten Punkt zu arbeiten, den Sie hier bedenken sollten: Wie reden Sie mit Ihrem Kind? Scherzen Sie viel? Neigen Sie dazu, es zu ärgern? Glauben Sie ihm oft nicht oder machen Sie es herunter? Bevormunden Sie es? Sprechen Sie abschätzig über andere Leute? Achten Sie einfach auf das, was Sie sagen. Es kann Ihnen einige große Überraschungen bringen.

Vor einigen Jahren erzählte ich meiner Familie recht verächtlich von einem Buch, das ich gerade las und in dem eine Übung beschrieben war, in der es darum ging, eine Stunde lang niemanden zu kritisieren. „Wie lächerlich!" spottete ich. „Das kann doch jeder!" Zu meiner Überraschung und Bestürzung forderten sie mich auf, es zu versuchen. Ich schaffte es viereinhalb Minuten. Nun, weder verächtlich – noch kritisierend! – empfehle ich Ihnen diese Übung.

Es gibt so viele versteckte Arten der Kritik. „Oh, eine zwei minus! Das ist ja toll! Stell dir nur mal vor, was du hättest erreichen können, wenn du mehr geübt hättest . . ."

„Dein Zimmer sieht ja zur Abwechslung mal ordentlich aus . . ."

„Komm, laß *mich* das mal lieber machen . . ."

„Was für eine hübsche Farbe – obwohl ich sie wohl nicht ausgesucht hätte . . ."

Der Schlüssel dazu, nicht kritisierend und einschätzend zu sein, liegt darin, sich auf die Gefühle zu konzentrieren. Konzentrieren Sie sich auf Ihre Gefühle, während Sie sprechen und auf die Gefühle Ihres Kindes, während es spricht. Sie können zum Beispiel statt „Mein Chef war heute wieder unerträglich!" sagen „Ich hatte heute wirklich genug von meinem Chef . . ."

Wenn Ihr Kind Ihnen erzählt, daß es in seiner Mathearbeit nicht so gut wie erwartet abgeschnitten hat, sind Sie vielleicht versucht zu sagen „Mach dir nichts draus. Das macht nichts", aber das wäre Ihr Empfinden, nicht seines. Sie könnten sagen: „Das ist ja schrecklich! Was lief denn schief?" aber auch das wäre Ihr Gefühl. Versuchen Sie Ihrem Kind zu sagen, daß Sie sehen, daß es enttäuscht ist. Sie wissen, daß es ein gutes Ergebnis erwartete, sie können sich vorstellen, daß das seinen Tag verdorben hat.

Mit Mitgefühl zuhören ist eine Fähigkeit, die manche Menschen leichter erwerben können als andere. Wenn es Ihnen schwerfällt, machen Sie sich nichts draus. Berater müssen ein spezielles Training absolvieren, um den Dreh rauszukriegen, und alleine an dieser Fähigkeit zu arbeiten, braucht Zeit. Behalten Sie sie als Möglichkeit im Hinterkopf, und nutzen Sie sie, wenn Sie daran denken. Das wird oft in Situationen sein, wenn Sie sich dabei ertappt haben, etwas besonders Wertendes gesagt zu haben.

Wenn Sie sich auf die Gefühle Ihres Kindes konzentrieren können, wird Ihnen das besonders helfen, wenn es sich schließlich ein Herz faßt und darüber redet, was ihm wirklich Kummer macht. Wenn Ihr Kind Ihnen einen Wink gibt, werden Sie ihn nicht verpassen.

Dieser Wink könnte so aussehen:

Ihr Kind: „Ich hab mir das Knie aufgeschlagen."

Sie: „Oh? Wie kam denn das?"

Ihr Kind: „Jamie hat mir beim Fußball ein Bein gestellt."

Sie: „Meinst du, das war ein Versehen?"

Ihr Kind schüttelt den Kopf.

Jede der folgenden Entgegnungen wird die Unterhaltung an diesem Punkt beenden:

- „Der kleine Stinker! Dem dreh' ich den Hals um, wenn ich ihn sehe."
- „Wo war deine Lehrerin denn da? Sie sollte sich wirklich um dieses Kind kümmern!"
- „Oh, Schätzchen! Warum würde jemand so etwas tun? Ich meine, ich verstehe das wirklich nicht . . ."

Wenn Sie möchten, daß Ihr Kind weiterspricht, zeigen Sie Mitgefühl mit ihm. Damit bestätigen Sie seine Gefühle und helfen ihm, mit ihnen ins Reine zu kommen. Sie stellen sich auf seine Seite.

Sie: „Ich wette, das hat dich ziemlich geärgert . . ."

Ihr Kind: „Ja. Ich bin sauer geworden, und alle haben angefangen, mich auszulachen."

Sie: „Das war bestimmt richtig peinlich."

Ihr Kind: „Also, eigentlich hänseln sie mich immer noch."

Wenn Ihr Kind bereit ist – und nicht vorher – wird die ganze Wahrheit ans Licht kommen. Sie können Ihrem Kind sehr helfen, wenn Sie ihm glauben, was es Ihnen erzählt, seine Gefühle anerkennen und sich mit Wertungen und Einschätzungen zurückhalten.

Wenn die Wahrheit ans Licht kommt

Wenn die Einzelheiten herauskommen, kann es gut sein, daß Sie nacheinander schockiert, ängstlich und wütend sind. Es kann natürlich auch sein, daß sie es als große Aufregung um eine nichtige Ursache empfinden. Wie auch immer, solange Sie sich auf die Gefühle Ihres Kindes konzentrieren, ist es weniger wahrscheinlich, daß Ihre eigenen mit Ihnen durchgehen.

Vielleicht sind Sie versucht, der ungemütlichen Angelegenheit, über solch schwierige Dinge zu reden, aus dem Weg zu gehen, indem Sie direkt zu Maßnahmen schreiten oder Ihrem Kind eine Menge Ratschläge und Anweisungen geben. Aber das wäre nicht im Sinne Ihres Kindes. Was es zuallererst braucht, ist nicht eine Siegerin oder einen Lehrer, sondern einen Zeugen.

Wenn Sie ihm einen sicheren Ort geben, an dem es darüber reden kann, was ihm geschieht, helfen Sie ihm auf drei wichtige Arten. Erstens bedeutet es, Ihr Kind muß nicht mehr länger ein Geheimnis für sich behalten – und Geheimnisse ziehen Scham und Schuld an wie der Käse die Fliegen. Zweitens wird das Ihrem Kind erlauben, einige seiner aufgestauten Gefühle loszuwerden. Wenn starke Gefühle aufgestaut werden, werden sie sogar noch gefährlicher, denn man weiß nie, wann sie explodieren. Schließlich wird es Ihrem Kind zeigen, daß Sie sich engagieren, um ihm dabei zu helfen, sein Problem zu lösen, ohne seine Gefühle und seine Meinung zu mißachten oder zu versuchen, die Oberhand zu gewinnen.

Erklären Sie Ihrem Kind, daß es wichtig ist, über Probleme zu sprechen und daß das allein schon viel bedeutet – egal, ob daraus nun Lösungen erwachsen oder nicht. Sagen Sie ihm, wie gut es tut, seinen Gefühlen freien Lauf zu lassen. Wenn es Ihrem Kind zu schwer fällt, Ihnen alle Einzelheiten zu erzählen und es sich auch keinem Lehrer, keiner Freundin oder einem anderen Familienmitglied anvertrauen möchte, kann es vielleicht eine Beratungsstelle anrufen und mit einem der Therapeuten dort sprechen. Vielleicht will Ihr Kind es seinem Hund oder seinem Kaninchen erzählen – dabei kann es sich wenigstens darauf verlassen, nicht mit guten Tips und Ratschlägen überschüttet zu werden.

Fragen Sie, ob Ihr Kind alles in einem Tagebuch aufschreiben möchte. Das gibt ihm nicht nur die Möglichkeit, seinen schrecklichsten Gefühlen Ausdruck zu verleihen, sondern stellt auch eine genaue Dokumentation dar, wenn es sich später entschließt, doch die Behörden einzuschalten. Sehr oft sind die Kinder, die andere tyrannisiert haben, voll von Reue, wenn sie die Tatsachen auf Papier niedergeschrieben sehen und lesen, was für destruktive Folgen ihre Aktionen hatten.

Vergessen Sie außerdem nicht, Ihr Kind dafür zu loben, daß es geschafft hat, darüber zu reden, und gratulieren Sie auch sich selbst, daß Sie in der Lage sind, Ihrem Kind zu helfen.

Ihr Kind kann nicht anfangen, seine Situation in den Griff zu bekommen, solange es nicht in der Lage ist, darüber zu reden. Und Sie können nicht anfangen, Ihrem Kind zu helfen, bevor Sie die Fakten nicht kennen. Ein Gespräch anzustoßen ist der erste und manchmal auch der schwierigste Schritt. Dieses Gespräch weiterzuführen, während die Angelegenheit fortschreitet, ist ebenfalls sehr wichtig.

Für Ihr Kind ist das Gespräch eine Möglichkeit, sich von Scham zu befreien, eine objektivere Perspektive zu bekommen und der Tatsache ins Auge zu blicken, daß es ein Problem hat. Daß Sie ihm zuhören, gibt Ihrem Kind das Gefühl, nicht mehr ganz alleine zu sein. Wenn Sie beide wissen, was genau vor sich geht, können Sie sich zusammen hinsetzen und ausarbeiten, was Sie dagegen unternehmen möchten.

Kapitel 2

Der Kontakt zur Schule

Wenn Ihr Kind an seiner Schule von anderen Kindern belästigt wird, müssen Sie sich zuerst darüber klarwerden, ob Sie die Schule bitten möchten, Schritte einzuleiten. Es ist interessant zu sehen, daß es die gleichen Gründe sind, warum Kinder sich ihren Eltern nicht anvertrauen wollen und warum Sie dazu tendieren zu schweigen, wenn Sie darüber nachdenken, Kontakt zur Schule aufzunehmen.

Vielleicht schämen Sie sich dafür, daß Ihr Kind ein Problem hat, oder wenn es schon immer gehänselt wurde, denken Sie vielleicht, daß es eine Sache ist, mit der es lernen muß zu leben. Sie möchten das alles vielleicht lieber ignorieren und hoffen, daß es sich von alleine wieder gibt. Vielleicht haben Sie Angst, daß die Lehrer Ihnen nicht glauben werden oder Ihnen bedeuten, daß Sie überreagieren. Sie befürchten vielleicht, daß die Lehrer Ihnen die Geschichte aus der Hand nehmen und Entscheidungen treffen, ohne vorher mit Ihnen darüber zu sprechen. Sie machen sich höchstwahrscheinlich Sorgen, daß jede Maßnahme, die die Schule ergreift, die Situation für Ihr Kind noch verschlechtert, statt sie zu verbessern.

Das alles sind völlig nachvollziehbare Ängste. Eltern, die sich darüber beschweren, daß Ihre Kinder gemobbt werden, werden oft als übermäßig besorgt empfunden, vor allem dann, wenn es sich um eine nicht-körperliche Form des Mobbings handelt. Und mitunter verschlimmert das Eingreifen der Schule die Situation wirklich.

Wenn Sie also darüber nachdenken, die Schule hinzuzuziehen, hören Sie auf das, was Ihr Kind dazu zu sagen hat. Es ist der Experte/die Expertin. Es weiß, wie bestimmte

Dinge normalerweise gehandhabt werden, und seine Wahrnehmungen können Ihnen viel mehr über die Einstellung an dieser Schule verraten, als jede schriftliche Absichtserklärung. Was Ihr Kind Ihnen sagt, wird Ihnen nicht nur bei der Entscheidung helfen, ob Sie in die Schule gehen sollen, um über alles zu reden, sondern es kann Ihnen eine Ahnung davon geben, was für einen Empfang man Ihnen dort bereiten wird.

Wenn Ihr Kind ausgesprochen zögerlich auf den Vorschlag reagiert, die Schule zu informieren oder es selbst schon ohne Erfolg getan hat, versuchen Sie, sich nicht von seiner Angst und seiner Mutlosigkeit anstecken zu lassen. Selbst wenn es nicht zu wirksamen Maßnahmen oder Ratschlägen führt, kann es sehr hilfreich sein, mit der Schule in Kontakt zu treten. Es gibt Ihnen und Ihrem Kind Kraft, mitzuteilen, wie Sie sich in dieser Situation fühlen und es zerstreut die ungesunde Atmosphäre der Geheimniskrämerei.

Versichern Sie Ihrem Kind, daß es bei jeder Besprechung, die Sie verabreden, dabei sein wird. Erklären Sie ihm, daß Sie es nicht gestatten werden, daß die Schule eine Maßnahme ergreift, mit der es nicht einverstanden ist. Aber vermitteln Sie Ihrem Kind auch, daß es in bestimmten Situationen fast immer gut ist, das Risiko einzugehen und die Schule zu informieren, vor allem, wenn es sich um körperliches Mobbing handelt.

Körperliches Mobbing: Warum es eine gute Idee ist, die Schule zu informieren

Körperliches Mobbing umfaßt immer Taten, die außerhalb der Schule strafbar wären. Schulen haben die gesetzliche Pflicht, sich um ihre Schüler/innen zu kümmern und müssen jede Anzeige von körperlichen Gewalttätigkeiten ernst nehmen. Es ist nicht sehr wahrscheinlich, daß Sie von oben herab behandelt oder schnell abgespeist werden, wenn Sie der Schule davon berichten, daß Ihr Kind körperlicher Gewalt ausgesetzt ist.

Die Tatsache, daß körperliche Gewalt strafbar ist, führt direkt zur Frage der Bestrafung für die Übeltäter, und die meisten Schulen haben sehr wirksame Disziplinarmaßnahmen, die in Kraft treten, sobald nachgewiesen ist, daß man es mit körperlichem Mobbing zu tun hat.

Handgreiflichkeiten sind leichter wahrzunehmen und zu beweisen als die verbalen Formen des Mobbings, und Situationen, in denen sie vorkommen, können leichter überwacht werden. Manche Schulen verwenden eine lückenlose Videoüberwachung sowie Aufsichtspersonal auf dem Pausengelände. Kinder, die Zeuge von Tätlichkeiten werden, wissen mit Sicherheit, was vorliegt, und manche Schulen bieten einen Mobbing-Briefkasten oder andere vertrauliche Wege, um das anzuzeigen, was man gesehen hat.

Obwohl ich erlebt habe, wie manche Lehrer gegenüber der Gewalt auf dem Schulgelände eine Haltung einnahmen, die soviel aussagte wie „Na, so sind Jungs eben . . .", erkennen die meisten Menschen, daß tätliche Angriffe in keiner Form zu akzeptieren sind. Kinder, die andere mit körperlicher Gewalt einschüchtern, setzen sich automatisch ins Unrecht, und ihren Opfern sind daher meist Mitgefühl und Unterstützung sicher.

Die Schule von körperlichen Schikanen in Kenntnis zu setzen, kann gefährlich scheinen, aber die Alternativen sind normalerweise schlimmer. Die Sache einfach auf sich beruhen zu lassen und zu hoffen, daß es sich von selbst regeln wird, wird sehr wahrscheinlich zu einer Eskalation der Gewalt führen und zur Folge haben, daß Ihr Kind immer weniger in der Lage ist, sich körperlich und psychisch selbst zu verteidigen. Von Ihrem Kind zu erwarten, daß es die Leute, die es herumschubsen, selbst angeht, ist unrealistisch, da die meisten Situationen dieser Art sich zwischen einer Gruppe von Leuten abspielen, die auf einem meist schwächeren Einzelnen herumhacken, und einige der

Gruppe sind vielleicht sogar bewaffnet. Außerdem hat ihr Kind vielleicht die Erfahrung gemacht, daß es selbst Ärger wegen Gewalttätigkeit bekommt, wenn es versucht, sich zu rächen.

Die Sache selbst in die Hand zu nehmen und den Kindern, die Ihres piesacken, entgegenzutreten, kann Erfolg haben, wenn die Kinder noch sehr jung sind, aber meist ist es der direkte Weg in ein Disaster. Ich habe es miterlebt, daß Schulprobleme in regelrechte Familienfehden ausarteten, nachdem die Eltern sich eingemischt hatten. Seien Sie also in diesem Punkt vorsichtig und hören Sie auf Ihre Intuition.

Die Schule zu wechseln, gibt Ihrem Kind vielleicht eine kleine Verschnaufpause, aber es kann auch alles noch schlimmer machen. Denn oftmals folgen die Probleme dem Kind und es hat dann mit dem Streß durch den Wechsel und mit neuen Feindseligkeiten zu kämpfen.

Wenn die Situation sehr ernst ist oder Ihr Kind schon verschiedene Schulen ausprobiert hat, können Sie sich überlegen, es ganz aus der Schule zu nehmen. Dieser Trend wird immer stärker und muß nicht zu Leistungseinbußen führen. Aber für diesen Schritt fehlt den meisten Eltern die Zeit, das Geld und die Selbstsicherheit. Außerdem hat diese Variante – wie auch das Wechseln der Schule – einen wesentlichen Nachteil: Sie gehen dem Problem aus dem Weg, anstatt es anzugehen. Kinder, die es schaffen, zu bleiben, den Glauben an sich selbst und ihre Lehrer sowie die inneren Ressourcen zu entwickeln, die sie brauchen, um mit der Situation klarzukommen, können sich sehr viel besser fühlen als die, die das Gefühl haben, daß sie weglaufen mußten.

Wenn Ihr Kind tätlichen Anfeindungen ausgesetzt ist, dann sehen Sie, ob es einem Treffen zwischen Ihnen und dem Klassenlehrer, dem Fachbereichsleiter oder dem Vertrauenslehrer zustimmt. Stellen Sie sicher, daß Ihr Kind nicht übergangen wird. Selbst wenn die Schule schon über die Situation im Bilde ist, wird eine Besprechung zu dritt

Ihrem Kind klarmachen, daß Sie hundertprozentig hinter ihm stehen und der Schule zeigen, daß Sie bereit sind zu tun, was immer in Ihrer Macht steht, um zu helfen.

Ins Gespräch kommen

Die Art und Weise, wie Sie Ihre erste Besprechung mit der Schule angehen, wird über Ihren Erfolg entscheiden. Wenn Sie es zulassen, daß Ihre Bestürzung und Ihr Zorn die Oberhand gewinnen und Sie eine Konfrontationshaltung einnehmen, wird das einzige erreichte Resultat wohl sein, daß Ihr Kind noch ängstlicher wird und seine Lehrer sich noch defensiver verhalten.

Ihre eigenen Gefühle zu beherrschen wird Ihnen am ehesten gelingen, wenn Sie sich in die des Lehrers/der Lehrerin hineinfühlen. Denken Sie immer daran, daß sie vielleicht genauso bestürzt und zornig darüber sind, daß ein Kind, das sich in ihrer Obhut befindet, verletzt und eingeschüchtert wird. Er fühlt sich vielleicht verantwortlich. Oder sie denkt, daß sie für Probleme verantwortlich gemacht werden soll, deren Ursprung außerhalb der Schule liegt, weil die Familien und die Allgemeinheit unfähig sind, sie anzugehen. Vielleicht muß er in einer großen Klasse mit einigen stark gestörten Kindern zurechtkommen und bekommt nur wenig oder gar keine Unterstützung von außen. Sicherlich ist er sich darüber im klaren, daß es keine einfache Lösung für das Problem gibt.

Versuchen Sie sich in Ihrer Besprechung immer auf die drei wesentlichen Punkte zu konzentrieren: Stellen Sie die Tatsachen dar, stellen Sie sicher, daß Ihre Gefühle verstanden werden, und beschließen Sie einen gemeinsamen Handlungsplan.

1. Stellen Sie die Tatsachen dar
Es ist sehr hilfreich, wenn Sie für jeden Mobbingvorfall, über den Sie sprechen wollen, genaue Zeiten und Orte

angeben können. Außerdem die Namen aller anwesenden Kinder, auch derer, die nicht aktiv an den Schikanen oder Hänseleien beteiligt waren. Das wird Ihnen sehr viel leichter fallen, wenn Sie und Ihr Kind eine schriftliche Dokumentation der Ereignisse geführt haben.

Wenn Ihr Kind jedoch auf keinen Fall Namen nennen möchte, sollten sie es nicht zwingen. Es genügt der Schule, daß Sie auf die Existenz dieses Problem im allgemeinen hinweisen, um es im allgemeinen angehen zu können. Es macht den Lehrern auch klar, daß Ihr Kind vielleicht gefährdet ist, so daß sie wachsamer sein können.

2. Stellen Sie sicher, daß Ihre Gefühle verstanden werden

Es ist Ihr Recht, daß man Ihnen zuhört und Ihre Sorgen ernst nimmt. Lassen Sie sich nicht mit Platitüden abspeisen. Machen Sie ganz klar, daß – egal, was außerhalb der Schule vor sich geht – das, was in Sachen Gruppen- und Einzelverhalten innerhalb der Schule passiert, im Verantwortungsbereich der Schule liegt. Es ist die Entscheidung der Schule, ob Maßnahmen ergriffen werden, aber wenn Sie mit der Art der vorgeschlagenen Maßnahmen nicht zufrieden sind, sollten Ihre Einwände respektiert werden.

3. Stimmen Sie einen Handlungsplan ab

Wenn eine Anzeige wegen Mobbings vorgebracht wird, werden die meisten Schulen ihre Vorgehensweise haben, um zu überprüfen, was vorgefallen ist. Diese Methoden können auch gemeinsame oder einzelne Befragungen aller Beteiligten beinhalten sowie schriftliche Erklärungen der Hauptbeteiligten.

Sobald klar ist, daß es sich um einen Fall von Mobbing handelt, werden fast alle Schulen sich gleich verhalten und einerseits die bestrafen, die tätlich geworden sind und andererseits den Opfern Unterstützung zukommen lassen. Die Bestrafung kann dabei von Nachsitzen bis zum Schulverweis reichen. Die Unterstützung kann bedeuten, daß Ihr Kind ein bestimmtes Mitglied des Kollegiums genannt bekommt, an das es sich wenden kann, wenn es Probleme hat. Auch andere Formen der Beratung sind denkbar.

Es kann gut sein, daß Sie es für pervers halten, daß man *Ihrem* Kind die Beratung anbietet, anstatt sie den Kindern zu gewähren, deren unkontrollierte Aggressionen das ganze Problem verursachen. Einige fortschrittliche Schulen sehen es auch tatsächlich so, daß das aggressive Kind Hilfe und Unterstützung braucht. Aber vielleicht möchte Ihr Kind das Beratungsangebot annehmen. Sie sollten es also nicht voreilig in seinem Namen ablehnen.

Egal, wie Sie aus dem Bauch heraus auf die Maßnahmen der Schule reagieren, versuchen Sie immer daran zu denken, daß sie mit dieser Art Probleme tagein tagaus zu tun hat. Vielleicht hat sie schon sehr viele verschiedene Arten der Bestrafung und der Unterstützung ausprobiert und herausgefunden, was in diesem Rahmen am besten funktioniert.

Sobald Sie sich einig geworden sind, welche Maßnahmen grundsätzlich ergriffen werden sollten, fragen Sie genau, was unternommen wird, um Ihr Kind vor Nachwirkungen zu schützen. Verabreden Sie außerdem ein Folgetreffen, in dem Sie diskutieren können, wie sich die Dinge entwickeln.

Was geschieht dann?

Das hängt von den jeweiligen Umständen und der normalen Vorgehensweise der Schule ab, aber jede Maßnahme der Schule sollte schnell und entschieden sein.

Hier ein Beispiel:

Adam
Der zwölfjährige Adam wurde gnadenlos von einer Gruppe von Jungen aus seiner Klasse gepiesackt. Sie beschimpften ihn, traten gegen seinen Stuhl, spuckten auf seine Aufgaben und stießen in den meisten Stunden mit Linealen

nach ihm. Als eines Tages der Lehrer nicht im Raum war, nahm die Sache überhand und Adam wurde vor der ganzen Klasse geschlagen und getreten. Seine Eltern beschwerten sich.

Zuerst sprachen sie mit Adams Klassenlehrer, der sofort jedes der Kinder aus Adams Klasse einzeln befragte und so herausfand, wer die beiden Hauptschuldigen waren. Er traf sich mit ihnen und ihren Eltern und sprach mit ihnen die Art der Bestrafung ab. Einer der Jungen wurde eine Woche vom Schulunterricht ausgeschlossen, der andere bekam einen Eintrag ins Klassenbuch und mußte bei drei weiteren Besprechungen des Klassenlehrers mit seinen Eltern anwesend sein, in denen sein Verhalten überprüft wurde.

Adam wurde ein Platz in einer Gruppe für verletzliche Kinder angeboten, den er jedoch ablehnte, da er nicht als komisch oder unzulänglich hervorgehoben werden wollte.

Der Klassenlehrer sprach dann mit der ganzen Klasse über den Vorfall und ermutigte sie, Mitgefühl mit Adam zu haben und sich für ihr Verhalten bei dem Vorfall verantwortlich zu zeigen. Viele seiner Klassenkameraden entschuldigten sich daraufhin bei ihm.

Adams Eltern trafen sich einige Tage später noch einmal mit dem Klassenlehrer und konnten ihm bestätigen, daß alle Tätlichkeiten eingestellt worden waren. Sie trafen sich erneut einen Monat später. Die Gewalttätigkeiten waren nicht wieder aufgeflammt, aber Adam wurde gehänselt, weil er die anderen verraten hatte, und sie diskutierten, wie sie ihm helfen konnten, damit fertig zu werden.

Wenn nichts passiert

Wenn es einen oder zwei Tage nach Ihrem Gespräch so aussieht, als ob nichts geschehen würde, oder Sie unzufrieden mit Ihrem ersten Treffen sind, bitten Sie um ein Gespräch mit dem Rektor. Versuchen Sie auch hier wiederum keine Konfrontationshaltung einzunehmen, stellen Sie die Tatsachen dar, stellen Sie sicher, daß Ihre Gefühle verstanden werden und stimmen Sie einen Handlungsplan ab.

Wenn dieses Treffen für Sie unbefriedigend verläuft oder es so scheint, als würde es nichts bewirken, ist Ihr nächster Weg der zum Schulamt oder zur zuständigen Verwaltungsbehörde der Schule. Viele Eltern fühlen sich am besten bei einem Elternvertreter aufgehoben.

Sollten Sie danach noch immer nicht zufrieden sein, versuchen Sie es mit einer schriftlichen Beschwerde beim Rektor, dem Schulamt oder dem fraglichen Verwaltungsgremium. Geben Sie alle Fakten an und bitten Sie darum, Ihnen einen schriftlichen Vorgehensplan zuzusenden.

Wen Sie als nächstes kontaktieren, hängt davon ab, um welchen Schultyp es sich handelt und in welchem Land Sie leben. Für eine private oder kirchliche Schule wenden Sie sich an den Träger und für eine staatliche Schule an den Kultusminister/Kultusministerin bzw. die entsprechende oberste Verwaltungsbehörde.

Wenn alles andere nichts bringt, können Eltern rechtliche Schritte einleiten, aber glücklicherweise kommt es dazu nur sehr selten. Die meisten Schulen setzen sich mit dem Problem des körperlichen Mobbings auseinander, selbst wenn das oft bedeutet, daß das Problem aus der Schule hinaus verschoben wird, indem man die Kinder der Schule verweist.

Mit der nicht-körperlichen Variante des Mobbings jedoch ist es anders.

Nicht-körperliches Mobbing ist anders

Körperliche Gewalt kann in Schulen – genau wie in der Gesellschaft – durch gute Überwachung und effektive Bestrafung unter Kontrolle gehalten werden. Beim nicht-körperlichen Mobbing geht es nicht um Regeln und Gesetze, sondern um Werte. Ärgern, Ausschließen, Flüsterkampagnen und so weiter sind nicht strafbar im Sinne des

Gesetzes, und Menschen, die sich daran beteiligen, haben leicht den Eindruck, daß sie nichts Verbotenes tun. Darum ist die Frage der Bestrafung sehr viel weniger klar und deutlich zu beantworten. Und wenn der Übeltäter nicht bestraft werden kann, kommt es schnell so weit, daß das Opfer als das eigentliche Problem betrachtet wird.

Außerdem kommt hinzu, daß viele Lehrer das nicht-körperliche Piesacken immer noch als etwas recht Triviales ansehen und sich vielleicht gegen jemanden stellen, der ihre Ansicht nicht teilt. Einige Lehrer gehen vielleicht sogar soweit, Kinder, die sich darüber beschweren, daß sie von anderen geärgert werden, öffentlich zu demütigen.

Wenn Sie sich entschließen, die Schule Ihres Kindes darüber zu informieren, daß es dort zu nicht-körperlichen Formen des Mobbings kommt, ist es relativ wahrscheinlich, daß entweder keine Maßnahmen ergriffen werden oder daß die eingeleiteten Maßnahmen die Situation sogar noch verschlimmern. Ob Sie sich dafür entscheiden, dieses Risiko einzugehen, wird davon abhängen, was für einen Eindruck Sie von der Schule haben, wie Sie die Situation einschätzen und wie Ihr Kind damit umgehen kann.

Grundsätzlich ist es normalerweise eine gute Idee, das Gespräch zu suchen. Selbst wenn es nur dazu dient, die Lehrer wissen zu lassen, was vor sich geht. Sie können sie immer bitten, nicht direkt einzuschreiten. Sie werden Ihre Ziele besonders klar darstellen und unerschütterlich in der Unterstützung für Ihr Kind sein müssen, denn es ist sehr wahrscheinlich, daß Sie es mit Haltungen wie den folgenden zu tun bekommen werden:

- *„In dieser Schule gibt es kein Mobbingproblem . . ."*
  (Kurz: „Sie sind es, der/die ein Problem hat.")

Mobbing kommt in allen Lebensbereichen vor. „In dieser Schule gibt es kein Mobbingproblem . . ." bedeutet soviel wie: „Dieser Schule ist das Mobbing egal."

- *„Das würde ich nicht so ernst nehmen – es geht doch nur um ein paar Beschimpfungen und ein bißchen Ärgern!"*
  (Kurz: „Sie machen viel Aufregung um einen nichtigen Anlaß.")

Schnitte und Blutergüsse heilen, aber andauernde Angriffe auf das Selbstbild eines Menschen können vernichtende Folgen in allen Lebensbereichen nach sich ziehen. Studien zeigen, daß nicht-körperliche Formen des Mobbings psychische Narben hinterlassen, die schmerzvoller und andauernder sind als gewalttätige Formen.

In Stammesgemeinschaften wird der Ausschluß aus der Gruppe als eine schlimmere Bestrafung als der Tod angesehen. Nicht-körperliche Formen des Mobbings können Kinder in die Verzweiflung treiben. Einige flüchten sich vielleicht in den Selbstmord oder leiden unter einem solchen Stau von Zorn und Haß, daß sie sich zu uncharakteristischer Gewaltanwendung gezwungen sehen.

Die meisten Kinder befürchten zu Recht, daß aus den verbalen Attacken bald körperliche werden, wenn keiner auf sie reagiert.

- *„Es hat keinen Sinn, Kinder vor den normalen Wunden und Rückschlägen des Lebens beschützen zu wollen ..."*
  (Kurz: „Sie sind übermäßig besorgt um Ihr Kind und Ihr Kind ist zu sensibel.")

Das ist Unsinn. Ein bißchen Aufziehen ist normal im Leben, aber nur sehr wenige Menschen müssen wirklich jeden Tag mit dem Wissen an ihren Arbeitsplatz gehen, daß sie fortwährend beleidigt und geschmäht werden, daß man sie beschimpft, anspuckt und insgesamt verachtet. Nur sehr wenige Menschen müssen sich damit auseinandersetzen, von allen ihren Kollegen dauernd geschnitten zu werden.

Keiner, der sich über eine solche Behandlung beschwert, ist übersensibel. Er tritt lediglich für sein Recht ein, ein normales Maß an Höflichkeit und Respekt entgegengebracht zu bekommen.

- *„So sind Jungs nun mal"* und *„So ist das eben unter Mädchen . . . "*
  (Kurz: „Ihr Kind ist kein richtiges Mädchen/kein richtiger Junge, wenn es mit dem normalen Verhalten seiner Geschlechtsgenossen nicht zurechtkommt.")

Geschlechtsbezogene Stereotypien sind weder eine Entschuldigung für Mobbing unter Kindern noch unter Erwachsenen. Wir sagen ja auch nicht „So sind Männer eben" und schauen zu, wie einer seine Frau schlägt und Schlägereien provoziert, und „So ist das eben unter Frauen" und ertragen es, daß gemeine Gerüchte und Tratsch in Umlauf gesetzt werden.

- *„Die Gruppe ist vielleicht recht temperamentvoll, aber ich würde nicht sagen, daß es Rabauken sind . . . "*
  (Kurz: „Ihr Kind lügt.")

Wenn Ihnen zuerst nicht geglaubt wird, bestehen Sie auf Ihrer Schilderung, bis man Ihnen glaubt. Jemandem zum ersten Mal von der Situation zu erzählen ist am schwierigsten, danach wird es sehr viel einfacher.

- *„Ihr Kind ist irgendwie ein Einzelgänger . . . "*
  (Kurz: „Ihr Kind ist unangepaßt und unreif; es muß sich ändern und geselliger werden.")

Geselligkeit ist kein Maß für Reife, sondern eine Eigenschaft der Persönlichkeit. Von einem ruhigen Kind, das sich selbst genug ist, zu verlangen, daß es geselliger sein und aus sich herausgehen soll, ist ungefähr so vernünftig, wie zu versuchen aus einem Kind mit schneller Auffassungsgabe ein langsames zu machen oder umgekehrt.
Es entwertet die Gabe der Selbstgenügsamkeit des Kin-

des und kann ihm das Gefühl geben, daß irgendetwas Grundsätzliches mit ihm nicht stimmt.

All diese Haltungen dulden die Mobbingsituation stillschweigend und suchen die Fehler beim tyrannisierten Kind. Wenn Sie in der Lage sind, diese Argumente ruhig und klar zu widerlegen, wird sich Ihr Kind wunderbar unterstützt und sicher fühlen.

Das Gefühl, das Sie selbst aus der Besprechung mitnehmen, wird Ihnen zeigen, wieviel Hilfe das Schulpersonal Ihrem Kind bieten kann. Wenn Sie sich beschuldigt oder kritisiert, ignoriert oder herabgesetzt fühlen, ist das genau das Gefühl, das Ihr Kind haben wird, wenn es über seine Probleme spricht. Wenn Sie Besorgnis, Kooperationsbereitschaft und Engagement fühlen, wird Ihr Kind das auch empfinden.

Natürlich gibt es auch Schulen, die verbale Attacken sehr ernst nehmen und effektiv dagegen vorgehen. Ich habe sie bisher noch nicht erwähnt, da ich denke, wenn Ihr Kind eine solche Schule besucht, wird es wahrscheinlich ganz zufrieden damit sein, die Probleme zusammen mit seinen Lehrern zu lösen, ohne Sie überhaupt einzubeziehen.

Vor ein paar Wochen habe ich eine wunderbare Geschichte gehört, die genau das illustriert:

Emily
Mein Mann ist Rektor und erzählte uns von einem achtjährigen Mädchen, das in sein Büro kam, um sich über zwei andere Mädchen zu beschweren, die sie geärgert und zum Weinen gebracht hatten. (Die Namen wurden zum Schutz der Beteiligten geändert.)

Mein Mann brachte die drei Mädchen zusammen, um gemeinsam darüber zu sprechen. Zuerst fragte er die beiden, die Emily geärgert hatten, ob sie wüßten, warum er sie gebeten hatte zu kommen.

„Weil wir Emily geärgert haben, nicht wahr?", sagte eine.

„Das stimmt", stimmte mein Mann zu. „Und das macht Emily sehr unglücklich. Was glaubt ihr, könnten wir da tun?"

Die beiden Mädchen schauten einander an und dann schauten sie Emily an. Plötzlich meldete sich die eine der beiden zu Wort: „Nun ja, . . . wir könnten aufhören, sie zu ärgern!"

Sie beschlossen beide, Entschuldigungsbriefe an Emily zu schreiben, und das Ärgern hörte auf.

Das war aber noch nicht das Ende der ganzen Geschichte. Als die Mutter des einen Mädchens sah, daß ihre Tochter einen Entschuldigungsbrief schrieb, ging sie direkt zur Schule damit und beschwerte sich darüber, daß mein Mann ihre Tochter beschuldigt hätte, daß sie ein anderes Mädchen geärgert hätte. Nur gut, daß sie ihre Tochter gleich mitgebracht hatte.

„Aber ich *habe* sie geärgert!", protestierte das Kind, als es hörte, was seine Mutter vorzubringen hatte.

Wenn die Dinge nur immer so glatt laufen würden!

Das Problem ist, daß ein wirklich effektives Vorgehen gegen Mobbing ein sehr großes Engagement der gesamten Schulgemeinschaft voraussetzt. Es braucht Zeit und Kraft, um eine starke Einstellung zu schaffen, die sich auf Respekt und Höflichkeit gründet. Und möglicherweise kostet es auch Geld für Weiterbildungsmaßnahmen, wenn manche Lehrer ihre Klassen durch Sarkasmus, Spott und Geschrei unter Kontrolle halten oder Pausenaufsichten es vorziehen, sich blind zu stellen. Werte können nicht unterrichtet oder als Regeln aufgestellt werden – sie müssen vorgelebt werden.

Einzelne Fälle von nicht-körperlichen Angriffen können nur in einer Schulumgebung effektiv angegangen werden, die grundsätzlich jede Form des Mobbings verurteilt. Auch die kleinste Beleidigung nicht unverfolgt zu lassen, scheint eine Verminderung auch der größeren Delikte zur Folge zu haben.

Aber Sie müssen pragmatisch sein. Obwohl es wirksame Programme zum Aufbau einer starken Haltung gegen das Mobbing für Schulen gibt, wird es keine schnelle Lösung geben und Sie müssen mit dem System arbeiten, das in der Schule Ihres Kindes im Moment verfolgt wird.

Wenn Sie nicht davon überzeugt sind, daß die Schule Ihrem Kind auf direktem Wege helfen kann, prüfen Sie, ob Hilfe auf indirekte Art möglich ist. Kann man Ihrem Kind einen sicheren Ort bieten, wo es sich in den Pausen aufhalten kann, kann das Klassenzimmer so umgestellt werden, daß es nicht neben seinen Peinigern sitzen muß, kann sichergestellt werden, daß die Lehrer pünktlich zu ihren Stunden erscheinen – all das sind kleine Dinge, die einen großen Unterschied ausmachen können.

Generell ist es wahrscheinlich eine gute Idee, die Schule davon in Kenntnis zu setzen, wenn Ihr Kind schikaniert wird, vor allem dann, wenn es sich um teilweise handgreifliche Formen handelt. Aber erwarten Sie keine Wunder von der Schule. Mobbing ist ein komplexes Problem, das tief in der Gesellschaft verwurzelt ist.

Ihr Kind hat ein gesetzlich vorgegebenes Recht auf körperlichen Schutz und wird diesen auch bekommen. Aber es ist für Schulen viel schwieriger, ihre Schüler/innen vor dem Geärgertwerden, vor Beschimpfungen und den psychischen Schäden, die daraus entstehen können, zu beschützen.

Zum Glück kann Ihr Kind lernen, sich selbst vor Schäden durch Mobbing zu schützen, und Sie sind in der idealen Position, um ihm dabei zu helfen.

Kapitel 3
Hilfe zur Selbsthilfe für Ihr Kind

Die herkömmlichen Ratschläge für Kinder, die tyrannisiert werden, bergen das Problem, daß sie sich auf das Verhalten des Kindes anstatt auf dessen Gefühle konzentrieren. Wenn es ihm schlecht geht und es so tut, als ob das nicht so wäre, wird es damit niemanden täuschen, am wenigsten sich selbst. Außerdem wird auf diese Weise das Problem eher verdeckt als gelöst. Wenn Ihr Kind sich aber gut *fühlt*, wird sein Verhalten sich automatisch verändern.

Die Gefühle sind der Schlüssel zu allen Arten des Mobbings. Andere unglücklich zu machen ist das, was zählt für die, die schikanieren. Für die, die unter diesen Schikanen zu leiden haben, sind die Gefühle der Wut, der Angst und der Hilflosigkeit, ebenso wie der daraus resultierende Verlust an Selbstvertrauen und Selbstachtung, sehr viel schädlicher als irgendwelche körperlichen Folgen. Außerdem dauern diese emotionalen und psychischen Folgen in vielen Fällen lange über die eigentliche Mobbingsituation hinaus an.

Viele glauben, man kann nicht beeinflussen, wie man sich fühlt, aber es ist dennoch möglich. Ihr Kind kann die Opfergefühle der Wut, der Angst und der Hilflosigkeit umwandeln in Distanz, Vertrauen und Kraft, indem es seine Wahrnehmung der Situation verändert, eine positive Einstellung entwickelt, seine Selbstachtung aufbaut und lernt, auf konstruktive Weise mit Wut und Angst umzugehen.

Wie ich in den weiteren Kapiteln dieses Buches zeigen werde, sind all diese Fähigkeiten einfach zu erlernen. Und sie sind in der besten Position, um Ihrem Kind zu helfen, denn Sie werden gegenüber der Mobbingsituation genau die gleichen Gefühle durchleben wie Ihr Kind.

Sie können die Aufgabe gemeinsam angehen und müssen nicht alleine bleiben.

Sie sind nicht allein

Die Ideen dieses Buches werden leichter und mit mehr Spaß umzusetzen sein, wenn Ihre ganze Familie mitmacht. Sie müssen nicht unbedingt allen sagen, warum Sie darüber nachdenken, aus Ihrem Zuhause eine „schuldfreie Zone" zu machen und daß Sie eine positive Umgebung usw. schaffen möchten, wenn Sie befürchten, daß dies eine nicht förderliche Aufmerksamkeit auf die Probleme ihres tyrannisierten Kindes zieht. Vielleicht ziehen Sie es vor, das Ganze als eine Art interessantes Experiment darzustellen. Kleinere Kinder werden es gerne als ein Spiel annehmen und größere, die sich gerade darüber bewußt werden, daß es unterschiedliche Lebensweisen gibt, sind normalerweise neugierig darauf, etwas Neues auszuprobieren.

Erklären Sie, was Sie tun und laden Sie jeden ein, mitzumachen. Machen Sie deutlich, daß keiner mitmachen muß, wenn er nicht möchte. Beglückwünschen Sie sich und die anderen, wenn es funktioniert und unterstützen Sie sich und die anderen, wenn Sie bemerken, daß sie Rückschritte machen.

Selbst, wenn einige Ihrer Familienmitglieder sich nicht aktiv an diesem Prozeß beteiligen möchten, können sie eine Hilfe sein, indem sie sich anhören, was Sie zu sagen haben und versuchen zu verstehen, was Sie erreichen möchten.

Auch Ihre Freunde können auf diese Weise mithelfen und die Ideen, mit denen Sie arbeiten, reflektieren. Natürlich müssen sie nicht der gleichen Auffassung sein – ich bin sicher, daß einige meiner Freunde und der meiner Kinder manchmal dachten, wir seien alle ein bißchen seltsam geworden, als wir begannen, mit diesem Ansatz zu arbeiten. Aber darüber zu reden wird Ihnen helfen, die Dinge für sich selbst klarzubekommen. Und Ihre Freunde haben vielleicht auch noch ein paar gute Ideen beizusteuern, wie Sie einen Wechsel zum Positiven hin erreichen können.

Wer kann noch helfen? Nun, manchmal kann es Sie stärken, Ihre Ideen mit Menschen zu teilen, die verstehen, was Sie gerade durchmachen. Wenn Sie von anderen Eltern wissen, deren Kinder Probleme in der Schule haben, kann es eine gute Idee sein, eine ungezwungene Interessengemeinschaft zu gründen. Diese kann ein gutes Forum für Gespräche über Selbsthilfe-Ideen sein, solange sie nicht zu einem Ort verkommt, an dem jeder nur mosert und sich über die Schule beschwert.

Was Sie schließlich immer tun können, ist, sich für einige Stunden einen Therapeuten zu suchen. Viele Menschen haben eine starke Abwehrhaltung gegen die bloße Idee einer Therapie, da sie denken, daß jemand, der eine Therapie braucht, verrückt oder unzulänglich sein muß. Das ist sehr schade, denn eigentlich zeigt es nur, daß jemand erkennen kann, daß er ein Problem hat und sich entschieden hat, es anzugehen.

Über Probleme zu sprechen, hilft immer, und Therapeutinnen und Therapeuten sind dafür ausgebildet zuzuhören, ohne zu werten oder sich einzumischen. Ein Therapeut kann vor allem dann sehr nützlich für Sie sein, wenn Sie sich dazu entscheiden, die Ideen aus diesem Buch nachzuvollziehen, denn er wird mit den Konzepten vertraut und es gewohnt sein, auf diese Weise zu arbeiten.

Sie können den Therapeuten alleine oder zusammen mit Ihrem Kind besuchen, gerade so, wie es sich für Sie besser anfühlt. Viele Ärztezentren bieten einen Beratungsservice an oder sagen Ihnen zumindest, wie Sie einen Therapeuten finden können. Die Gebühren dafür sind oft Verhandlungssache und abhängig von Ihrem Einkommen. Es gibt verschiedene Telefonseelsorge-Einrichtungen, die sowohl Eltern als auch Kindern Beratung bieten.

All diese Menschen können Ihnen helfen, wenn Sie dies möchten. Behalten Sie das gut im Hinterkopf, während

Sie und Ihr Kind die erste große Herausforderung eines jeden Selbsthilfeprogramms angehen: das Loslassen der Schuld.

Das Loslassen der Schuld

Normalerweise gibt jeder, der in eine Mobbingsituation verwickelt ist, jemand anderem die Schuld dafür. Vielleicht suchen Sie die Schuld bei Ihrem Kind, oder bei dem Kind, das es tyrannisiert, oder bei seinen Lehrern oder vielleicht auch bei der Gesellschaft ganz allgemein. Ihr Kind gibt dem anderen Kind, das es ärgert, der Schule oder Ihnen die Schuld, weil Sie das Problem nicht lösen können. Die Lehrer machen alle oder manche der Kinder verantwortlich, die damit zu tun haben oder auch alle oder manche der Eltern.

Das Problem ist: Solange alle nur dasitzen und jemand anderem die Schuld zuschieben, unternimmt keiner wirklich etwas gegen die Situation. Schuldzuweisungen machen Sie passiv. Wenn Sie sagen „Ich kann nichts dafür", bedeutet das gleichzeitig „Ich kann nichts dagegen tun", oder vielleicht sogar „Warum sollte ich?"

Wenn Sie eine aktivere und einflußreichere Position einnehmen wollen, müssen Sie die Schuldzuweisungen seinlassen und Verantwortung übernehmen.

Reaktionsfähigkeit ist Macht

Egal wie sehr Sie davon überzeugt sind, daß jemand anderem die Schuld zukommt, es gibt nichts, was Sie demjenigen sagen oder tun könnten, um ihn zu zwingen, sein Verhalten zu ändern. Diese Tatsache kann dazu führen, daß Sie sich frustriert und hilflos fühlen.

Obwohl Sie andere Menschen nicht zwingen können, ihr Verhalten zu ändern, können Sie die Art und Weise ändern, wie Sie auf deren Verhalten reagieren. Besonders interessant dabei ist, daß die Veränderung Ihrer Reaktion auf das Verhalten anderer Leute der wirksamste Weg ist, um deren Verhalten Ihnen gegenüber zu verändern.

Diese wichtige Lektion lernte ich vor einigen Jahren, als meine Kinder noch klein und mein Mann und ich in einem langen Streit über seine unregelmäßigen Arbeitszeiten verstrickt waren. Ich wollte, daß er seine Arbeit so organisierte, daß er jeden Tag um ungefähr die gleiche Zeit heimkommen würde und wurde wütend, weil er mir immer eine Uhrzeit nannte und sich nie daran hielt.

Ich empfand sein Verhalten als unverantwortlich, er meines als unvernünftig – und an dieser Stelle blieben wir stecken. Der Weg aus der Sackgasse war, daß ich Distanz gewann und aufhörte, ihm vorzuschreiben, was er tun sollte. Ich hörte auf, Verabredungen zu treffen, die davon abhingen, daß er zu Hause war und ließ einfach los. Schon bald war es mir überhaupt nicht mehr wichtig, daß er seine Arbeitszeiten vereinheitlichte – und dann tat er es natürlich.

Sie können es selbst ausprobieren, wie die Veränderung in Ihrer Reaktion das Verhalten anderer Leute Ihnen gegenüber verändert. Stellen Sie sich vor, Sie begegnen auf dem Weg zur Arbeit immer der gleichen Person. Sie ignoriert Sie immer und deshalb ignorieren Sie sie. Versuchen Sie es einmal mit einem freundlichen Gruß. Bleiben Sie ein paar Tage dran. Ignoriert sie Sie noch immer? Stellen Sie sich vor, an Ihrem Arbeitsplatz gibt es jemanden, der oft in Streß gerät und Sie dann anschreit, Sie schreien zurück. Hören Sie auf zu schreien. Machen Sie das ein paar Tage so. Schreit er Sie immer noch an?

Dies sind offensichtliche Beispiele, aber andere Leute verändern, indem man die eigene Reaktion auf deren Verhalten verändert, kann auch auf sehr viel mysteriösere Weise funktionieren. Kennen Sie jemanden, der eine Angewohnheit hat, die Sie wirklich stört? Wenn Sie aufhören, verärgert zu reagieren, werden zwei interessante Dinge passieren: Zuerst wird die Angewohnheit aufhören, Sie zu stören, und schließlich wird sie ganz aufhören.

Wenn Ihr Kind aufhören kann, sich um das Ärgern und die Beschimpfungen zu kümmern, werden das Ärgern und die Beschimpfungen bald ein Ende haben. Aber der einzige Weg, wie Ihr Kind so weit kommen kann, sich nicht mehr darum zu kümmern, ist, daß es beginnt, Verantwortung für seine eigenen Gefühle zu übernehmen. Das bedeutet, nicht mehr „sie" stehen im Mittelpunkt – „sie machen mich traurig", „sie machen mir Angst" – sondern „ich" – „ich lasse zu, daß sie mich traurig machen", „ich lasse zu, daß sie mir Angst machen."

Sie werden nicht erreichen, daß Ihr Kind diese Verantwortung übernimmt, wenn Sie es dazu auffordern. Aber in diesem Punkt, wie in allen anderen Bereichen auch, können Sie zu der Veränderung, die Sie erreichen möchten, gelangen, indem Sie sich selbst ändern. Wenn Sie Ihr eigenes Verhalten verändern und erklären, was Sie tun, werden Sie ein Beispiel für eine Haltung abgeben, die ohne Schuldzuweisungen auskommt. Und dies wird sich bald auf Ihr Kind übertragen.

Schaffen Sie eine schuldfreie Zone

Schuldzuweisungen seinzulassen ist in einer Mobbingsituation besonders schwierig, denn Mobbing ist offensichtlich falsch, der Mensch, der andere schikaniert, ist offensichtlich der Grund für diese falsche Situation, und diese Situation ist extrem schwer zu ertragen.

Es wird Ihnen leichter fallen, sich an die Idee, die Schuldzuweisungen sein zu lassen, heranzuarbeiten, wenn Sie es allgemeiner angehen und als ersten Schritt Ihr Zuhause in eine schuldfreie Zone umwandeln. Ein einfacher und wirksamer Ansatz ist es, das „S"- und das „F"-Wort aus Ihrem Sprachgebrauch zu verbannen.

Das „S"- und das „F"-Wort

In unserer Familie ist das „S"-Wort „Schuld" und das „F"-Wort ist „Fehler". Sie sind beide genauso wenig akzeptabel wie all die anderen „S"- und „F"-Wörter.

Wenn Sie diese beiden Worte verbannen, werden Sie sofort bemerken, auf wieviele verschiedene Arten wir Schuld zuweisen, ohne es auszusprechen. Das wird Ihnen helfen, jede implizite Schuldzuweisung zu erkennen und auszumerzen.

Stellen Sie sich zum Beispiel vor, Sie spülen das Geschirr und Ihr Kind nörgelt, weil es abtrocknen muß. Sie lassen einen Teller fallen. Ihr erster Impuls ist vielleicht zu sagen „Das ist deine Schuld, weil ich wegen dir so gestreßt bin." Wenn Sie das „S"-Wort vermeiden müssen, sagen Sie vielleicht statt dessen „Sieh nur, was ich deinetwegen getan habe!" oder „Das wäre mir nicht passiert, wenn du nicht die ganze Zeit so rumgenörgelt hättest!" Aber wenn Sie selbst implizite Schuldzuweisungen seinlassen, können Sie nicht anders, als die Verantwortung übernehmen – denn Tatsache ist, daß Sie den Teller zerbrochen haben.

„Schuld" und „Fehler" sind die Spitze des Eisberges, der Ihr Augenmerk nun darauf richtet, was dem zugrunde liegt. Hier sind noch einige Äußerungen, mit denen Sie unterschwellig die Verantwortung auf Ihr Kind abwälzen können und die Sie vielleicht schon an sich selbst beobachtet haben:

- *Du machst mir Sorgen / Du machst mich wütend/traurig . . .*
  Es ist Ihre Sache, wie Sie sich fühlen. Sagen Sie deshalb einfach „Ich bin besorgt/wütend/traurig."

- *Reg' deinen Vater/deine Mutter/deine Großmutter nicht auf . . .*
  Es ist die Sache des Vaters/der Mutter/der Großmutter, wie sie sich fühlen, lassen Sie sich also nicht dazu verführen, sie als Druckmittel zu benutzen. Es gibt keinen Grund, sie überhaupt ins Spiel zu bringen.

- *Ich komme nicht zurecht, wenn du dich nicht benimmst ...*
  Ihre Fähigkeit, mit Dingen zurechtzukommen, sollte nicht davon abhängen, daß Ihr Kind es Ihnen einfach macht. Nehmen Sie sein Verhalten an wie jede andere Herausforderung, die das Leben Ihnen stellt. Sie würden niemals sagen „Ich komme nicht zurecht, wenn ich eine Grippe bekomme/einen Unfall habe/mir das Abendessen anbrennt ...", denn das würde keinen Sinn machen. Keiner kann Sie vor diesen Schwierigkeiten schützen. Verlangen Sie nicht von Ihrem Kind, daß es Sie vor den normalen Herausforderungen beschützt, die das Elternsein mit sich bringt. Ob Sie zurechtkommen oder nicht, hängt allein von Ihnen ab.

- *Du bist schwierig ...*
  Wenn Sie Ihr Kind als schwierig empfinden, ist das Ihr Problem, nicht seines. Sagen Sie also statt dessen „Ich finde dein Verhalten schwierig".

Wenn Sie anfangen, bewußt die Verantwortung für Ihre Gefühle zu übernehmen, wird auch Ihr Kind beginnen, die Verantwortung für seine zu übernehmen. Verantwortlich zu sein ist sehr viel weniger bequem, als jemand anderem die Schuld zuzuschieben, und Sie werden es Ihrem Kind sehr viel einfacher machen, wenn Sie der Versuchung, es zu beschützen, widerstehen.

Vielleicht denken Sie, daß Sie verständnisvoll und mitfühlend sind, wenn Sie die Haltung einnehmen, daß Ihr Kind durch die Mobbingsituation verletzt sein muß, daß das völlig in Ordnung und daß diese Situation eigentlich nicht sein Problem ist. Wenn Sie jedoch versuchen, Ihr Kind auf diese Weise zu trösten, wird das eher dazu führen, daß seine Reaktion auf die Situation die selbe bleibt und ihm der Mut fehlt, die Kraft zu ihrer Veränderung in sich zu spüren.

Es mag Ihnen hart vorkommen, Ihrem Kind zu sagen, daß es zuläßt, von anderen Kindern, die es ärgern, wütend und ängstlich gemacht zu werden. Tatsächlich aber ist dies eine Vorgehensweise, die es ihm ermöglicht, die Kontrolle über die Situation zu übernehmen.

Wenn Sie beginnen, sich bewußt zu werden, auf wie vielfältige Weise Sie anderen Menschen Schuld zuweisen, werden Sie auch bemerken, auf wie viele Arten diese ihrerseits versuchen, Ihnen die Schuld zu geben. Wenn Sie Schuldzuweisungen seinlassen, werden Sie auch die wunderbare andere Seite der Medaille kennenlernen und sich von Schuldgefühlen befreien.

Letzten Endes ist es Ihre Entscheidung, wie Sie auf andere Menschen reagieren möchten, und es ist sicherlich deren Sache, wie sie auf Sie reagieren möchten. Sobald Sie aufhören zu denken, daß es die Schuld Ihres Kindes ist, wenn Sie nervös oder aufgeregt sind, werden Sie auch aufhören, zu denken, daß Sie schuld sind, wenn ihr Kind sich so fühlt.

Sie brauchen Ausdauer und Entschlossenheit, aber vor allem einen klaren Kopf, wenn Sie aufhören wollen, anderen Menschen die Schuld an Ihren schlechten Gefühlen zu geben und die Schuld von anderen Menschen auf sich abschieben zu lassen. Wenn Sie sich schlechte Gefühle als etwas Gegenständliches vorstellen, das man von einem zum anderen weitergibt, kann Ihnen das dabei helfen, sich der Abläufe bewußter zu sein.

Wenn irgend jemand versucht, seine schlechten Gefühle bei mir loszuwerden, hilft es mir, wenn ich mir vorstelle, daß seine Wut, sein Ärger, seine Eifersucht oder was auch immer eine heiße Kartoffel ist. Es tut mir leid, daß er sie zu heiß findet, um sie anzupacken, aber ich zögere nicht, sie zurückzugeben.

Das Spiel mit den heißen Kartoffeln

Ihr Kind kann sich Mobbing als Spiel mit heißen Kartoffeln vorstellen. Es kann den Menschen, der es ärgert, als jemanden sehen, der schlechte Gefühle hat, mit denen er nicht zurechtkommt. Es muß sich nur seine eigenen Gefühle klarmachen, um zu verstehen, daß man nicht einmal daran denkt, andere Leute zu verletzen, wenn man selbst zufrieden ist – nur wenn man sich selbst schlecht fühlt, braucht man jemanden, an dem man es auslassen kann.

Es ist vielleicht schwer zu verstehen, warum der Peiniger Ihres Kindes sich schlecht fühlt, denn Kinder, die andere quälen, passen nicht in irgendwelche Muster von Mangel und Gewalt. Kinder aus erfolgreichen und wohlhabenden Familien müssen vielleicht weniger offensichtlichen Druck aushalten, wie zum Beispiel die Belastung, die von unrealistischen Erwartungen seitens der Eltern ausgeht oder eine negative Grundstimmung innerhalb der Familienbeziehungen.

In vielen Fällen kann man aus der Art des Mobbings Schlüsse ziehen. Ein Mädchen, daß wegen seiner Körperformen unsicher ist, ärgert vielleicht ein anderes damit, es dick zu nennen. Wenn sie es schafft, daß ihr Opfer beginnt, sich über seine Körperformen Gedanken zu machen, hat sie ihr schlechtes Gefühl genau übertragen.

Ein Junge, der hart arbeiten und gute Leistungen erreichen möchte, aber fürchtet, wegen seines Eifers gehänselt zu werden, hänselt vielleicht einen anderen wegen dessen Eifers. Wenn sein Opfer beginnt, sich wegen seines harten Arbeitens und seiner guten Leistungen schlecht zu fühlen, hat er seine Gefühle direkt übertragen

Selbst kleine Kinder können dieses Konzept leicht begreifen. Vor kurzem sprach ich mit einer Achtjährigen, die den ganzen Sommer über wegen ihrer vermeintlich dicken Beine gehänselt worden war. Dies hatte dazu geführt, daß es ihr zu peinlich war, Röcke oder kurze Hosen zu tragen. Als ich ihr die Sache mit den heißen Kartoffeln erklärte, dachte sie einige Momente nach und sagte dann, daß sie wirklich bemerkt hatte, daß das Mädchen, das sie ständig ärgerte, selbst immer lange Hosen trug.

Von diesem Moment an zog dieses Mädchen wieder Shorts an. Als ich sie wieder traf, fragte ich sie, ob sie immer noch geärgert würde. „Oh, nein", erklärte sie mir, „Ich habe mit dem Mädchen allein gesprochen und ihr gesagt, daß es mir leid täte, wenn sie denkt, ihre Beine seien zu dick. Ich finde, sie sehen ganz gut aus."

Manchmal wird die heiße Kartoffel so weitergegeben, daß das tyrannisierte Kind seinen Ärger und seine Angst an einem anderen Kind abreagiert und so selbst zum Peiniger wird. Ein Kind, das sich nicht traut, seinen Ärger und seine Frustrationen in der Schule auszudrücken, wird sehr oft alles in der vergleichsweise sicheren Umgebung seines Zuhauses herauslassen. Wenn Ihr Kind das mit Ihnen macht, gibt es Ihnen die beste Gelegenheit, zu zeigen, wie man sich weigert, tyrannisiert zu werden, indem man die heiße Kartoffel zurückgibt.

Stellen Sie sich vor, Ihr Kind wurde in der Schule wegen seines Mantels aufgezogen. Sobald es nach Hause kommt, fängt es an, Sie anzuschreien, weil Sie ihm den falschen Mantel gekauft haben und verlangt, daß Sie sofort losgehen und ihm einen neuen kaufen.

Es wäre ihr gutes Recht, wegen dieses unvermittelten Angriffs wütend, verletzt und perplex zu sein, aber das würde Ihrem Kind ein Modell für die Haltung eines Opfers geben und seine Angst und seinen Ärger in der Situation noch verdoppeln.

Es wäre sehr viel besser, die negativen Gefühle Ihres Kindes anzuerkennen, aber gleichzeitig sehr klarzumachen, daß es sich um seine negativen Gefühle handelt. Wenn Sie nicht zulassen, daß Ihr Kind Sie wütend macht und Sie verwirrt, heißt das, daß Sie ihm gegenüber nicht ärgerlich, sondern mitfühlend sein können. Noch viel wichtiger ist, daß Ihr Kind sich sicherer fühlen wird, da es seine negativen Gefühle unter Kontrolle hat. Außerdem muß es so nicht auch noch Schuldgefühle haben.

Eine einfache Technik, wie man die heiße Kartoffel zurückgeben kann, nenne ich „Vernebelung". Sie ist eine unschätzbar wertvolle Fertigkeit für jeden, der oft mit den Aggressionen anderer Leute zu tun hat. Es geht einfach darum, eine Rauchwand aufzubauen, hinter der Sie Ihre eigenen Sichtweisen und Werte verbergen können, während Sie so tun, als ob Sie mit Ihrem Angreifer einer Meinung wären. „Sie könnten Recht haben", „Ich danke Ihnen, daß Sie darauf hinweisen", „Ich werde darüber selbstverständlich nachdenken" sind wunderbare Möglichkeiten, Aggressionen zu entschärfen. Sie halten Ihre Meinung verborgen, und das bedeutet, daß Sie nichts persönlich nehmen und nicht das Gefühl haben, sich revanchieren zu müssen.

Beim Zurückgeben der heißen Kartoffel geht es nicht um Vergeltung. Es geht darum, sich zu weigern, in die Probleme eines anderen verstrickt zu werden. Wenn Sie sich darüber im klaren sind, daß Menschen, die andere beleidigen und angreifen, ein Problem haben, wird es Ihnen leichter fallen, ohne Schuldzuweisungen auszukommen.

Obwohl das Problem oft mit negativen Gefühlen zu tun hat, kann es manchmal auch von einem Mangel an positiven Gefühlen wie Freundlichkeit und Besorgnis herrühren. Ein Kind, das beliebt und gut angepaßt scheint, kann sich verletzend verhalten, weil es einfach kein Mitgefühl kennt. Kleine Kinder sind sehr auf sich selbst fixiert und müssen lernen, wie man sich sozial verhält, indem sie sich der Gefühle der anderen bewußt werden. Kinder, die andere quälen, weil sie kein Mitgefühl haben, sind in dieser Hinsicht nicht reif. Sie werden Schwierigkeiten haben, gesunde Beziehungen einzugehen und ein starkes Selbstbild zu entwickeln.

Andere Kinder, die keine Probleme mit Aggressionen oder Mitgefühl haben, werden vielleicht wegen ihres mangelnden Selbstwertgefühls in Mobbingsituationen verwickelt. Diese Kinder sind so verzweifelt darauf aus dazuzugehören oder haben soviel Angst, selbst zum Opfer zu werden, daß sie bereit sind, ihre moralischen Skrupel wegzuwischen, um in einer Gruppe andere Kinder zu schikanieren. Diese Kinder werden auch in anderen Bereichen besonders anfällig sein für den Druck, den ihre Bezugsgruppe

ausübt – sei es beim Trinken, Rauchen oder beim Drogen-
mißbrauch.

Einzusehen, daß Menschen, die andere quälen, ein Problem haben, kann uns helfen, weniger Schuld zuzuweisen.
Im folgenden einige weitere Möglichkeiten, Schuldzuweisungen zu umgehen.

Weitere Möglichkeiten, Schuldzuweisungen zu umgehen

1. Akzeptieren Sie, daß niemand vollkommen ist
Wir alle geben uns manchmal Verhaltensweisen hin, die
dem Mobbing zuzurechnen sind. Jeder läßt mal seine
schlechte Laune an jemandem anderen aus; jeder sagt takt-
lose oder verletzende Dinge, und jeder wird in bestimmten
Situationen bereit sein, Menschen auszuschließen, die
nicht in seinen Freundeskreis passen. Andere nicht anzu-
klagen, wenn sie das tun, bedeutet auch kein schlechtes
Gewissen zu haben, wenn Sie es selbst tun.

2. Keine Etiketten
Wenn Sie Kinder mit den Etiketten „Opfer" oder „Tyran-
nen" einordnen, dann bedeutet das, daß Sie davon ausgehen, daß mit den Kindern selbst etwas nicht stimmt und
nicht nur ihr Verhalten falsch ist. Diese Vorgehensweise
ignoriert die anderen Seiten ihrer Persönlichkeit – die
liebevolle Seite, die mächtige Seite – all das, was es ihnen
ermöglicht, ihr Verhalten zu ändern. Damit löscht sie
auch das Gefühl aus, daß sie in der Lage sind, sich zu
ändern.

Es kann sehr hilfreich sein, Leute grundsätzlich nicht
mit Etiketten zu versehen. „Du bist ein böser Junge" zum
Beispiel ist vernichtender und negativer als „Das war aber
ein böser Streich". „Dein Lehrer ist ein hoffnungsloser
Fall" ist sehr viel wertender als „Dein Lehrer scheint mit
diesem Vorfall nicht gut zurechtgekommen zu sein."

3. Bewerten Sie nicht

Das Kind, das Ihres quält, zu verteufeln, ist keine gute Idee. Die Beteiligten auf beiden Seiten der Mobbingsituation können sich besser fühlen, wenn sie den anderen verunglimpfen. Derjenige, der piesackt, kann sich stärker, tapferer und mächtiger fühlen, weil er sein Opfer als schwach, feige und ihm ausgeliefert ansieht, und genauso kann der Gepiesackte das Gefühl haben, moralisch unantastbar zu sein, wenn er seinen Peiniger als gemein und falsch einordnet. Damit riskiert er eventuell, einer der Leute zu werden, die im Leben eher darauf aus sind, Recht zu haben als glücklich zu sein.

4. Fragen Sie sich selbst „Auf welche Weise nützt diese Situation meinem Kind noch?"

Außer dem guten Gefühl unschuldig zu sein im Gegensatz zu dem schlechten schuldigen Menschen, der es quält, könnte das Opfersein für Ihr Kind noch weitere Vorteile haben.

Wenn Ihr Kind beispielsweise wenig Selbstachtung hat, kann so sein schlechtes Bild von sich selbst bestärkt werden; das klingt nicht nach einem Vorteil, aber egal wie traurig oder selbstbeschränkend die Weltsicht eines Menschen ist, fühlt er sich doch sicher mit Dingen, die sie bestärken und bedroht von solchen, die ihr widersprechen. Wenn Ihr Kind sich selbst also als jemanden erfährt, der es nicht verdient, gemocht zu werden, kann die Tatsache, von anderen gepiesackt zu werden, ihm völlig passend erscheinen. Wenn Ihr Kind sehr selbstkritisch ist, werden andere kritische Stimmen nur sein eigenes Urteil bestätigen.

Andere Vorteile, die Sie bedenken sollten, sind: Wenn Ihr Kind durch irgendeinen Aspekt des Schulalltags unter Druck steht, könnte ihm das Mobbing einen willkommenen Anlaß geben, in die Knie zu gehen. Wenn es Sorgen oder Schwierigkeiten außerhalb der Schule hat, bedeutet das Mobbing vielleicht eine Ablenkung.

Es ist schwierig zu akzeptieren, daß eine derart schreckliche Situation wie das Mobbing Vorteile für Ihr Kind bergen könnte, aber es lohnt sich darüber nachzudenken, wenn Sie können. Schauen Sie sich die Folgen des Mobbings für Ihr Kind und Ihre Familie an. Stellt diese Situation Ihr Kind in den Mittelpunkt der Aufmerksamkeit? Lenkt es Sie vom neuen Baby/Job/Haus/Ihrer Entlassung oder Ihrer Scheidung ab?

Ihr Kind hat nicht bewußt darum gebeten, gepiesackt zu werden, aber wenn es davon Vorteile hat, die Sie nicht ansprechen, wird es ihm schwererfallen, aus der Mobbingsituation auszubrechen.

Schuldzuweisungen seinzulassen bedeutet nicht, darauf zu warten, daß jemand anderes sich ändert, sondern bereit zu sein, die Dinge alleine anzugehen. Dieses Vorgehen kann einem sehr viel Kraft geben.

Aber wie kann Ihr Kind wirklich vorgehen, um solch eine alarmierende Situation alleine anzugehen? Wie kann es wieder anfangen, sich gut zu fühlen? Wie kann es jemals ein Ende für seine ängstlichen und eingeschüchterten Gefühle finden oder mit einer solch übermächtigen Wut umgehen?

Die Antwort ist, daß es all das nicht auf einmal kann. Es ist wie bei einem Kurzstreckenläufer, der beschlossen hat, einen Marathon zu laufen: Es wird seine Kondition zuerst grundsätzlich trainieren müssen.

Die Kondition, die Ihr Kind trainieren muß, um seine Selbstzweifel, seine Angst und seinen Ärger zu bekämpfen, ist nicht die körperliche. Es muß seine inneren Ressourcen aufbauen, und Sie können ihm dabei helfen, indem Sie zu Hause eine wirklich positive Umgebung schaffen.

Kapitel 4

Schaffen Sie eine positive Umgebung

Selbst das robusteste und optimistischste Kind kann durch ständige Attacken Schaden an seinem Selbstvertrauen und seinem Weltbild nehmen. Selbst die erfolgreichsten Eltern können Opfer von Selbstzweifeln werden, ihr bisheriges Verhalten und ihre Fähigkeit, in Zukunft zurechtzukommen, in Frage stellen. Die gesamte Familie kann sich in einer nach unten gerichteten Spiralbewegung aus negativen und defätistischen Gedanken wiederfinden, die alle Energie und allen Einfallsreichtum wegspült wie Wasser, das in einem Abfluß verschwindet.

Positives Denken ist der Stöpsel für diesen Abfluß!

Die grundlegende Idee des positiven Denkens ist, daß Ihre Lebenserfahrung nicht davon abhängt, was mit Ihnen geschieht, sondern wie Sie das Geschehene deuten. Das Leben ist also nicht etwas, das Sie erleiden, sondern etwas, das Sie schaffen.

Positives Denken ist eher eine aktive als eine passive Geisteshaltung, und das macht sie zu einem Schritt in die richtige Richtung für alle, die in einer Mobbingsituation stecken.

Wenn Sie bisher noch nie etwas von positivem Denken gehört haben, werden Sie wahrscheinlich zuerst Ihre Zweifel haben. Es scheint viel mit Verzicht zu tun zu haben, und Sie denken vielleicht, daß Sie vor den harten Realitäten des Lebens die Augen verschließen müssen. Aber es ist ganz einfach und interessant, warum sollten Sie es also nicht versuchen? Meine Kinder wollten auch mitmachen, aber wenn Ihre Tochter, ihr Sohn das nicht möchten, macht das wirklich gar nichts. Positives Denken ist ansteckend –

wenn einer in der Familie damit anfängt, haben es bald alle – genau wie bei der Grippe!

Es gibt vier Hauptbereiche, über die Sie nachdenken sollten: positive Worte, positive Gedanken, positive Gefühle und ein positiver Lebensstil.

In meiner Familie haben wir mit den positiven Worten angefangen.

Positive Worte

Der positive Ansatz stellt im Bereich der Sprache das konventionelle Denken auf den Kopf – Sprache wird hier nicht zum Beschreiben der Erfahrungen benutzt, sondern sie schafft die Erfahrungen. Dieser Ansatz dreht die normale Folge von Sein – Denken – Sagen um und schlägt als neue Reihenfolge Sagen – Denken – Sein vor.

Stellen Sie sich zum Beispiel vor, ein Mann sagt, er hat einen guten Job. Wir nehmen dann vielleicht an, daß er das sagt, weil er es denkt und es denkt, weil es wirklich ein guter Job ist. Das ist die Reihenfolge Sein – Denken – Sagen. Der positive Ansatz in der Sprache geht davon aus, daß diese Vorgehensweise auch umgekehrt funktionieren kann. Wenn ein Mann also sagt, er hat einen guten Job, wird er soweit kommen, das auch selbst zu glauben und dann ist es tatsächlich auch ein guter Job für ihn. Sagen – Denken – Sein.

Daraus folgt, daß Sie es sich aussuchen können, ob Sie positive Erfahrungen machen, indem Sie sich dazu entschließen, eine positive Sprache zu benutzen. Wenn Sie Ausdrücke wie „Ich kann das nicht . . ." oder „Es ist unmöglich . . ." vermeiden, erlegen Sie sich keine Beschränkungen mehr auf. Wenn Sie in Meinungsverschiedenheiten statt „Ja, aber . . .", „Ja, und außerdem . . ." sagen, schränken Sie andere nicht mehr ein.

Wenn Sie beginnen, auf den negativen oder positiven Wert ihrer Sprache zu achten, werden Sie vielleicht erstaunt sein, daß es immer die gleichen Wörtchen sind, die ständig auftauchen. In unserer Familie war „sollen" eines dieser Worte. Es ist ein Ausdruck, der augenblicklich die Entscheidungsfreiheit und die Kraft eines Menschen herunterschraubt. Wir ersetzten es durch „können". Wenn jemand es vergaß, erinnerten wir ihn daran. Es wurde so etwas wie ein familieninterner Witz.

Meine jüngste Tochter war so gewissenhaft bei der Sache, daß sie Listen mit positiven und negativen Worten aufstellte, um sich selbst zu erinnern. Sie erklärte die negativen Worte auch ihren Lehrern und Freundinnen. Eines Tages erzählte sie uns beim Nachmittagstee, „Meine Lehrerin hat heute vor der ganzen Klasse das ‚S'-Wort benutzt!" Wir waren alle sehr erstaunt.

„Sie hat wirklich ‚Scheiße' gesagt?", fragte ihr Bruder völlig schockiert. Sie strafte ihn mit einem vernichtenden Blick. „Natürlich nicht, du Dummkopf", sagte sie. „Jeder weiß doch, daß das ‚S'-Wort ‚sollen' ist."

Daß Sie über die Worte nachdenken, die Sie im Kreise Ihrer Familie benutzen, kann überraschend viel ausmachen. Über die Worte nachzudenken, die Sie in Ihren eigenen inneren Selbstgesprächen benutzen, kann ebenfalls sehr fruchtbar sein.

Nehmen Sie die Mobbingsituation – das Sein – Denken – Sagen – Muster funktioniert vielleicht etwa so: Ihre Erfahrung ist die einer schlechten Situation, die sich nicht gebessert hat und die bisher keiner auflösen konnte. Das ist die Tatsache. Das führt Sie dazu, zu denken, daß sich die Lage niemals verbessern wird und niemand in der Lage sein wird, eine Lösung zu finden. Ihre inneren Monologe laufen dann vielleicht in dieser Schiene: „Mein Kind wird nie zurechtkommen", „Ich kann ihm nicht helfen", „Die Schule sollte in der Sache etwas unternehmen . . ."

Beim positiven Ansatz geht es darum, Ihre inneren Monologe zu ändern. Das wird sich auf die Art und Weise, wie Sie die Situation wahrnehmen und schließlich auf die Situation selbst auswirken. Was wäre, wenn Sie über die

Mobbingsituation nachdenken, Ihren negativen inneren Monolog bemerken und sich für die positive Alternative entscheiden: „Mein Kind kommt zurecht", „Ich helfe ihm", „Die Schule nimmt sich der Sache an . . ."

Je öfter Sie Botschaften dieser Art wiederholen, desto mehr werden Sie erkennen, wieviel Wahrheit sie enthalten. Auf eine bestimmte Art kommt Ihr Kind zurecht, und in mancher Hinsicht helfen Sie ihm auch, und möglicherweise tut auch die Schule etwas in der Sache.

Dieses Gedankenmuster ist weniger alarmierend und hoffnungsvoller. Es versetzt Sie in eine Position, in der Sie Ihre belastende Hilflosigkeit und Angst nicht mehr länger Ihrem Kind aufhalsen müssen. Und das macht dessen Situation weniger übermächtig. Es wird besser zurecht kommen, Sie werden ihm helfen. Sagen – Denken – Sein.

Positive Selbstgespräche können auch in Form von Affirmationen stattfinden. Diese funktionieren folgendermaßen: Sie entscheiden, was Sie erreichen möchten und bestätigen sich, daß Sie es schon erreicht haben. Sie sprechen in der Gegenwartsform und unterstützen das Gesagte durch Ausdrücke wie „genau jetzt" und „in diesem Moment". Ihr Bewußtsein schreckt vielleicht vor der offensichtlichen Diskrepanz zwischen dem, was Sie sagen und dem, was die eigentliche Situation ausmacht, zurück, und das Ganze fühlt sich zu Beginn vielleicht etwas eigenartig und komisch an. Aber unbewußt akzeptieren Sie einfach die Botschaft der Worte.

Wenn Sie also zum Beispiel denken, Sie seien als Mutter oder Vater ein hoffnungsloser Fall, weil Sie Ihrem Kind nicht helfen können, sagen Sie sich nicht: „Ich wünschte, ich wäre eine gute Mutter/ein guter Vater" oder „Ich hoffe, daß ich mich bessern kann". Sie bestätigen sich nur:

„Im Moment bin ich gerade eine wunderbare Mutter/ ein wunderbarer Vater und gebe meinem Kind jede Unterstützung!"

Sie wiederholen das so lange, bis Sie selbst beginnen, es zu glauben. Dann werden Ihre Angst und Ihre Hemmungen beginnen sich aufzulösen, und Sie können die wunderbare Mutter/den wunderbaren Vater in sich erschließen. Denn, egal um was es geht, Angst vor dem Versagen und ein Mangel an Selbstvertrauen werden Ihre Leistung gefährden und verhindern, daß Sie Ihr volles Potential ausschöpfen können.

Vermeiden Sie jegliche negativen Worte, wenn Sie Affirmationen benutzen. „Heute ist ein großartiger Tag" vermittelt zum Beispiel ein sehr viel dynamischeres Gefühl als „Gar nicht mal so übel, der Tag heute".

Manche Menschen behaupten, daß selbst Affirmationen wie „Ich bin jetzt unheimlich reich" wahr werden können. Ich nehme an, daß das wirklich so ist, in dem Sinn nämlich, daß sie *möglich* werden. Sie müssen sich in die Lage versetzen, sich etwas vorstellen zu können, bevor Sie hoffen können, es zu erreichen.

Affirmationen können viel Spaß machen. Sie können Ihnen auch in Ihren dunkelsten Stunden helfen. Vielleicht können auch Ihre Kinder sie benutzen. Teilen Sie sie, sprechen Sie darüber. Selbst Ihr verletztes Kind merkt vielleicht, daß es glauben kann: „Gerade jetzt in diesem Moment bin ich stark, schön und tapfer."

Positive Gedanken

Daniel Goleman berichtet in seinem Buch *Emotionale Intelligenz* von einer „modernen Epidemie von Depressionen unter jungen Leuten". Er schreibt sie pessimistischen Denkgewohnheiten zu, die dazu führen, daß Kinder auch auf relativ unwichtige Probleme, wie zum Beispiel einen Streit mit den Eltern oder eine schlechte Note, mit Depressionen reagieren.

Wenn wir uns über all die schlimmen Dinge im Leben Sorgen machen, können wir leicht das Gefühl für die Verhältnisse und den Blick für die guten Dinge verlieren.

Es gibt ein Spiel, das genau zeigt, wie das funktioniert. Vielleicht möchten Sie es ja mit Ihrem Kind einmal ausprobieren, wenn es das nächste Mal denkt, alles sei ganz schrecklich.

Bitten Sie Ihr Kind, sich genau im Zimmer umzuschauen und sich alles zu merken, was eine rote Farbe hat. Geben Sie ihm genügend Zeit. Lassen sie es dann seine Augen schließen und bitten Sie es, Ihnen all das aufzuzählen, was eine blaue Farbe hatte.

Es wird vielleicht sagen „Das kann ich nicht! Du hast gesagt, ich soll mich nach Rot umschauen! Was soll denn das?"

Dieses Spiel zeigt, daß Sie nichts Blaues sehen, wenn Sie nur nach Rot suchen, und wenn Sie nur nach Schlechtem suchen, werden Sie nichts Gutes finden. Je mehr Sie sich dazu entschließen, sich auf die guten Dinge im Leben zu konzentrieren, umso mehr werden die schlechten Dinge in den Hintergrund treten.

Sich auf das Gute zu konzentrieren ist so einfach wie das ABC.

A. Erwarten Sie das Beste!

Viele Menschen erwarten in jeder Situation das Schlimmste, weil sie sich davor schützen wollen, enttäuscht zu werden. Diese Technik funktioniert aber offensichtlich nicht, denn auch jemand, der das Schlimmste erwartet, wird enttäuscht sein, wenn eine Sache schiefgeht. Manchmal versuchen sie vielleicht auch ihre Kinder zu beschützen und warnen sie, daß sie mit Ärger und Rückschlägen rechnen sollen, anstatt sie dazu zu ermutigen, anzunehmen, daß alles in Ordnung gehen wird.

Wenn Sie immer das Beste erwarten, können Sie in einer Welt der freudigen Erwartung leben, während Ihr Leben von Angst und Bedrohung überschattet sein wird, wenn Sie immer vom Schlimmsten ausgehen.

Lassen Sie sich folgende Geschichte durch den Kopf gehen:

Jane

Jane ist für ein Wochenende mit ihrer Familie zum Campen gefahren. Am allerersten Abend bemerkt sie, daß sie den Ring verloren hat, den ihre Großmutter ihr geschenkt hatte. Ihr Mann und ihre Kinder suchen in jedem Winkel, aber von dem Ring fehlt jede Spur.

Ihr Mann ist der Meinung, daß der Ring sich schon wieder finden wird, wenn es so sein soll, und wenn er wirklich verloren ist, kann sowieso keiner was daran ändern.

Jane ist verzweifelt. Sie ist sehr ärgerlich auf ihren Mann, weil er ihren Verlust auf die leichte Schulter nimmt, und regt sich das ganze Wochenende darüber auf.

Welcher der beiden wären Sie lieber, Jane oder ihr Mann? Mit welchem der beiden würden Sie lieber zusammenleben?

Diese Geschichte ist nicht mir passiert, aber es ist eine wahre Geschichte und deshalb kann ich Ihnen auch erzählen, was schließlich geschah. Als sie das Zelt abbauten, fand Jane ihren Ring im flachgedrückten Gras unter dem Zeltboden.

Wenn Ihr Kind also am Morgen voller Angst und Schrecken das Haus verläßt, verstärken Sie seine Gefühle nicht noch mehr. Erwarten Sie, daß es gut zurechtkommt und es ihm gutgehen wird. So werden Sie nicht nur Ihren eigenen Kopf für die Tagesgeschäfte freibekommen, ohne sich dauernd Sorgen machen zu müssen, sie werden auch Ihr Kind von der zusätzlichen Last der Verantwortung befreien, daß es Sie in Aufregung versetzt hat. Außerdem werden Sie ihm eine sehr viel robustere Einstellung zum Leben vorleben, die sich unausweichlich übertragen wird.

Wenn Sie immer das Beste erwarten, sind Sie in zweifacher Hinsicht ein Gewinner. Sie genießen nicht nur sehr viel mehr Lebensqualität, wenn Sie sich nicht dauernd darüber Sorgen machen, was die Zukunft wohl bringen mag, sondern haben auch einen positiven Einfluß darauf, was die Zukunft bringt.

Eine meiner Freundinnen zum Beispiel haßt es, Geburtstag zu haben. Sie erwartet immer, daß diese Tage schrecklich werden, und so kommt es dann auch immer. Eine andere Freundin liebt ihre Geburtstage. Sie geht davon aus, daß sie sie genießen wird, und das tut sie auch.

B. Vertrauen Sie dem Lauf der Dinge!

Das Schlimmste zu erwarten ist eine Methode, mit der wir versuchen, uns vor zukünftigen Katastrophen zu schützen; eine andere Technik dafür ist die Illusion, alles unter Kontrolle zu haben. Wir glauben, daß wir, wenn wir nur die richtigen Informationen bekommen und die richtigen Maßnahmen ergreifen, alles, was uns widerfährt, kontrollieren können. Wir können Herzerkrankungen vermeiden, indem wir unseren Cholesterinverbrauch einschränken; wir können vermeiden, arbeitslos zu werden, wenn wir hart arbeiten und gute Leistungen bringen.

Das ist eine Illusion. Vielleicht vermeiden wir die Herzerkrankungen nur, um dann Krebs zu bekommen, weil wir zuviel Pflanzenfett gegessen haben; vielleicht arbeiten wir hart und müssen irgendwann feststellen, daß wir zu erfahren und zu teuer geworden sind, um beschäftigt zu werden.

Der Versuch, die Zukunft zu manipulieren, ist nicht nur Zeitverschwendung, sondern auch sehr ermüdend. Er verbraucht Energien, die besser darauf verwendet würden, die Gegenwart zu genießen. Es kann eine wunderbare Befreiung sein, es einfach bleiben zu lassen.

Das, was passiert, zu akzeptieren, wenn es passiert, ist eine sehr viel weniger frustrierende und ängstliche Einstellung gegenüber dem Leben. Es ist eine Haltung, die aus der Tatsache hervorgehen kann, daß mitunter die trivialsten Vorkommnisse den größten Einfluß darauf haben können, wie Sie Ihr Leben erfahren.

Ich erinnere mich, daß wir vor einigen Jahren für einen Tag in den Süden Englands nach South Cornwall hinunterfuhren. Das Wetter was großartig und wir liefen kilometerlang am Strand entlang. Als wir zum Auto zurückkamen, waren wir alle sehr hungrig, und deshalb fuhren wir in den nächsten Ort, um uns nach einem Café umzuschauen. Wir fanden genau das Richtige, aber als wir gerade hineingehen wollten, wurde das Café geschlossen.

Es war halb fünf Uhr. Wir hätten verärgert, frustriert, niedergeschlagen sein können, aber wir entschlossen uns, dem Lauf der Dinge zu vertrauen. Als wir gerade nach Hause losgefahren waren, entdeckten wir einen Pizzastand oberhalb der Bucht. Wir setzten uns an den Strand und aßen unsere Pizzas. Es war nicht das, was wir vorgehabt hatten, sondern viel besser.

Dem Lauf der Dinge zu vertrauen bedeutet, die Illusion, alles unter Kontrolle zu haben, aufzugeben und zu akzeptieren, daß es sowohl Rückschläge als auch Erfolge geben wird. Es bedeutet anzuerkennen, daß wir unsere gegenwärtigen Erfahrungen nicht als gut oder schlecht beurteilen können, da wir nicht wissen, was die Zukunft bringen wird. Was heute wie ein Problem aussieht – vielleicht, daß Sie die Arbeitsstelle, die Sie wollten, nicht bekommen haben – könnte sich morgen schon als Segen auswirken, wenn Sie eine noch viel bessere bekommen.

Dem Lauf der Dinge zu vertrauen, bedeutet zu erkennen, daß jede Wolke einen silbern schimmernden Rand hat.

C. Halten Sie Ausschau nach dem silbernen Rand

Wenn eine Sache schiefgeht, egal, ob wichtig oder nicht, können Sie sich selbst entscheiden, wie Sie darauf reagieren. Sie können in hilflosem Schrecken Ihre Hände hochreißen, Ihre Taschen packen, der Katze einen Tritt geben oder sich dem Alkohol ergeben – oder, wenn Sie das vorziehen, können Sie auch das Gute sehen, das die Situation haben kann.

Wenn Ihre Reaktion auf das Leben im allgemeinen passiv ist, sehen Sie Probleme und Rückschläge wohl als unüberwindlich an, oder Sie erwarten, daß jemand anders Lösungen für Sie findet. Aber Sie können sich dafür entscheiden, eine aktivere Haltung einzunehmen und sagen: „Was muß ich lernen, um hier durchzukommen."

Auf diese Weise machen Sie aus Problemen Möglichkeiten, um zu wachsen. Kleine Probleme ergeben Gelegenheiten, ein bißchen zu wachsen, und große ermöglichen Ihnen viel Wachstum.

Von anderen Kindern geärgert zu werden, ist für viele Kinder ein großes Problem. Anstatt es als völliges Disaster anzusehen, fragen Sie sich, „Was muß mein Kind lernen, um diese Situation zu bewältigen?" Sie werden sehen, daß die Fertigkeiten, die es entwickeln muß, in alle Zukunft einen großen Unterschied in seiner Kompetenz und seinem Selbstvertrauen in allen Bereichen des Lebens ausmachen wird.

Das ABC der positiven Gedanken – das Beste erwarten, annehmen, was kommt und den silbernen Rand suchen – ist zu Anfang vielleicht ungewohnt. In einer Gesellschaft, in der die Menschen so oft Angst haben und die Hoffnung verlieren, allen Glauben in das Schicksal oder an Gott verloren haben und immer versuchen, jemandem die Schuld zuzuschieben, wenn etwas schiefgeht, geht dieser Ansatz jedem gegen den Strich.

Aber wenn Sie das negative Denken seinlassen, wird Ihr Leben so viel angenehmer werden, daß nichts und niemand Sie wieder zum Umkehren wird bewegen können.

Positive Gefühle

Wenn Sie sich auf die guten Dinge im Leben konzentrieren, wird das auf ganz natürliche Weise dazu führen, daß das Beste der positiven Gefühle, die Dankbarkeit, einen großen Auftrieb bekommt. Ich halte es für eine gute Idee, jeden Tag – vielleicht morgens bevor Sie aufstehen – einige Minuten lang über die Dinge nachzudenken, die Sie am Leben schätzen und Dankbarkeit dafür zu empfinden. Das ist ein gutes Gegengewicht für all den Druck, unter dem wir stehen, um das zu bekommen, was wir wollen, anstatt das zu wollen, was wir haben.

Die positiven Auswirkungen der Dankbarkeit sind nicht nur emotionaler Natur. Man hat herausgefunden, daß Dankbarkeit auch auf den Körper überraschende und meßbare Wirkungen hat. Dr. Paul Brand beschreibt in seinem Buch *Pain: The Gift Nobody wants – A Surgeon's Journey of Discovery*, wie er nach einem Arbeitsleben, das er dem Verständnis des Schmerzes gewidmet hatte, dazu kam, Dankbarkeit als das wirkungsvollste Schmerzmittel und den besten Schutz gegen Krankheit ganz allgemein zu bezeichnen.

Die wohlbekannten Nutzen positiver Gefühle für die Gesundheit wirken sich auch auf die körperliche Leistungsfähigkeit aus. Verschiedene Experimente in der Kinesiologie zeigen, daß die Muskelkraft auch davon beeinflußt wird, wie wir uns fühlen. Negative Gefühle machen Sie tatsächlich schwächer, gute Gefühle machen Sie stark. Wenn Sie die körperliche Erscheinung und die Ausstrahlung Ihres Kindes aufbauen wollen und ihm zu einer bestimmteren Körpersprache verhelfen möchten, wird eine gute Portion positiver Gefühle mindestens so wirksam sein wie die Selbstverteidigungslektionen, die die meisten Bücher über Mobbing empfehlen und vor denen die meisten betroffenen Kinder erschreckt Reißaus nehmen.

Das mächtigste positive Gefühl überhaupt ist die Liebe. Je mehr Sie lieben, umso besser fühlen Sie sich. Genau wie bei den Worten und Gedanken, können Sie sich auch hier aussuchen, welche Gefühle Sie einsetzen möchten. Die einfachste Art, die Macht der Liebe auszuprobieren, ist, sie an Gegenständen auszuprobieren. Sie können bei diesen Experimenten sehr viel Spaß haben.

Nehmen Sie sich irgendeinen Gegenstand vor, der Ihnen gefühlsmäßig überhaupt nichts bedeutet. Vielleicht einen Tisch. Schauen Sie ihn sich eine Weile an und denken Sie dabei: Ich liebe dich, Tisch! Achten Sie darauf, was Sie fühlen und auch auf Ihre körperlichen Reaktionen. Sagen Sie nun dem Tisch ganz laut: „Ich liebe dich, Tisch!"

Was Sie fühlen, ist die Reflektion Ihrer eigenen Liebesenergie. Es scheint lächerlich, aber selbst wenn Sie nur einen Tisch lieben, kann das Ihre Haut zum Kribbeln bringen und ein Lächeln auf Ihr Gesicht zaubern. Wenn Sie es mit etwas Komplexerem versuchen, wie zum Beipiel Ihrem Computer oder Ihrem Auto, werden die Ergebnisse Sie vielleicht überraschen.

Unser Auto fährt traumhaft, solange es trocken ist, aber es mag Feuchtigkeit nicht. Bis vor einigen Jahren mußten wir uns damit abfinden, daß es eben einige feuchte Herbstmorgen gab, an denen wir ein Taxi rufen mußten, um unsere Kinder in die Schule zu bringen.

Eines düsteren Oktobertages, als das Auto nicht anspringen wollte, schlug eines unserer Kinder vor, daß wir es mit ein bißchen positiver Liebesenergie versuchen sollten. Ich hielt das für etwas gewagt, aber ich stieg wieder ein und wir fingen alle an, das Auto zu lieben. Statt Frust und Wut, zeigten wir Dankbarkeit für all die vielen Male, an denen es angesprungen war und uns zur Schule gebracht hatte. Statt Türenschlagen und Tritten gab es Beruhigung.

Die direkte Auswirkung auf uns alle war großartig. Spannung und Sorge waren wie weggeblasen, und wir alle konnten die Situation annehmen und es in Ordnung finden. Die Auswirkung auf den Wagen allerdings war wirklich überraschend! Beim ersten Versuch sprang er an! Und seit wir dem Auto gegenüber eine liebevolle Haltung einnehmen, mußten wir noch nicht einmal ein Taxi rufen.

Meine Tochter bezwang ihre Angst vor bestimmten gefährlichen Ecken in ihrer Schule, indem sie diesen Bereichen, wenn sie dort vorbeiging, sagte: „Ich liebe euch, ihr Flure!" Zweifelsohne wurde ihre Körpersprache bestimmter und selbstsicherer. Damit reduzierte sie einerseits die tatsächliche Bedrohung, während sie gleichzeitig die Flure als weniger gefährlich erlebte. Nervosität und ein Gefühl des Unwohlseins sind die besten Voraussetzungen, um die Aufmerksamkeit von den Menschen auf sich zu ziehen, die jemanden suchen, den sie einschüchtern können.

Dieses positive Gefühl der Liebe an Gegenständen zu üben, bei denen Sie sich keine Gedanken darüber machen müssen, wie die Reaktion aussehen wird, ist eine hervorragende Vorbereitung für das Üben an Menschen. Der Tisch hat sich Ihre Liebe mit nichts verdient und wird nichts tun, um Ihnen etwas zurückzugeben. Die Freude am Lieben ist Ihre Gabe, die einfach in Form von guten Gefühlen auf Sie zurückfällt. Sie können auch Menschen auf diese bedingungslose Weise lieben, einfach aus Freude am Lieben.

Positiv leben

Die Art zu leben, die Sie als Eltern wählen, beeinflußt auch Ihre Kinder. Wenn Sie also ein Kind haben, das unter Streß steht, ist es für Sie doppelt wichtig, daß Sie sich für Dinge entscheiden, die eher Wohlbefinden und Optimismus verbreiten als Gleichgültigkeit und Mutlosigkeit.

Was Sie im Fernsehen sehen, kann zum Beispiel deutliche Auswirkungen auf Ihre Stimmung und ihre Einstellung haben. Zu viele Sendungen über grauenhafte Krankheiten, brutale Kriege, Korruption in der Politik und kriminelle Gewalttaten – und natürlich auch Nachrichtensendungen – werden niemandem dabei helfen, eine ausgeglichene und optimistische Einstellung zu entwickeln.

Andererseits können Komödien, Tierfilme, Abenteuergeschichten und Schauspiele zu Ihrer Zufriedenheit und Entspannung beitragen und Sie auf angenehme Weise anregen.

Eine meiner Freundinnen, die als Therapeutin arbeitet, empfiehlt all ihren Klienten eine tägliche Dosis einer witzigen Fernsehsendung. Wenn Sie eine halbe Stunde gemeinsam mit Ihrer Familie eine lustige Sendung ansehen – irgendetwas, das Sie alle zum Lächeln bringt – wird das Ihre Laune verbessern und ein Gemeinschaftsgefühl stiften. Lachen hat außerdem den zusätzlichen Vorteil, daß es Ihr Immunsystem auf Touren bringt und so dazu beiträgt, daß Ihre Familie gesund bleibt.

Vielleicht versuchen Sie, für eine Woche oder zwei überhaupt keine gewalttätigen oder deprimierenden Sendungen anzuschauen. Zu Beginn fühlt sich das eventuell komisch an, oder auch zu trivial, wenn man bedenkt, was für einen übersteigerten Wert wir den sogenannten Informationen beimessen. Aber erst, wenn Sie aufhören, solche Sendungen anzuschauen, werden Sie bemerken, wieviel Düsterkeit und Angst sie hervorrufen. Sie werden dann bald an Attraktivität für Sie verlieren.

Fernsehen entwickelt sich von der Sucht zur Wahl, wenn Sie es auf diese wählerischere Art und Weise betreiben. Und vielleicht möchten Sie ja auch mehr freie Zeit mit etwas anderem verbringen.

Es ist bekannt, daß Sport mentalen und emotionalen Streß reduziert, und das macht ihn zu einer besonders guten Sache für Sie und Ihr schikaniertes Kind. Es geschieht allerdings leicht, daß man sich viel vom Genuß und damit von der positiven Wirkung nimmt, wenn man den Sport durch wissenschaftliche Erkenntnisse unnötig komplizierter macht. Wenn Bewegung nach Geschmeidigkeit, Kraft und Ausdauer bewertet wird, Ziele gesetzt werden und Stundenpläne erarbeitet werden, kann das Ganze schnell eher eine Pflicht als eine Freude werden.

Wenn Sie sich gerne beim Squash richtig ausschwitzen, dann ist das die beste Wahl für Sie. Aber es wird nicht die beste Wahl für jemanden sein, der die ruhige Konzentration des Yoga vorzieht. Es geht nicht darum, wieviele Kalorien Sie verbrennen oder wieviel Fett Sie in Muskelmasse umwandeln, sondern darum, wieviel Lust Sie auf diese Sportart haben.

Für viele Menschen ist ein Spaziergang in der Nachbarschaft oder ein bißchen Gartenarbeit unschlagbar. Sie können das tun, wann immer Sie möchten, in einer Gruppe oder alleine und haben außerdem den Vorteil, an der frischen Luft zu sein. Umweltpsychologen glauben, daß das von besonderem Nutzen ist. Alles, worum es geht, ist: genießen.

Wenn Sie Ihre Art zu leben neu bewerten, um herauszufinden, ob sie positiv und optimistisch sind, ist genießen das Schlüsselwort. Gibt Ihre Ernährung Ihnen ein gutes Gefühl? Geben die Farben, mit denen Sie sich umgeben, Ihnen das Gefühl, stark und fröhlich zu sein? Haben Sie genügend Musik in Ihrem Leben? Genügend Ruhe? Und was ist mit der wunderbaren Kraft der Düfte, die eine beruhigende oder eine berauschende Stimmung auslösen können?

All diese positiven Dinge in Ihrem Zuhause können Ihnen eine feierliche Einstellung zu Ihrem Leben bescheren, die Ihrer inneren Stärke Nahrung bietet. Sie kann Ihnen auch helfen, einen Erziehungsstil wiederzugewinnen oder zu entwickeln, der die optimalen Wachstumsbedigungen für das Selbstvertrauen und die Selbstachtung Ihres Kindes garantiert.

Kapitel 5

Stärken Sie Ihre Selbstachtung

Menschen, die dauernd von anderen geärgert und gepiesackt werden, leiden oft unter einer geringen Selbstachtung. Andererseits werden Menschen mit einer geringen
Selbstachtung sehr häufig von anderen tyrannisiert. Es ist
ein Teufelskreis. Tatsächlich ist es so, daß Sie sich nicht
wirksam verteidigen können, solange Sie nicht daran glauben, es wert zu sein, verteidigt zu werden.

Ich denke, für Eltern, deren Kinder gemobbt werden, ist
die schmerzlichste Erfahrung die, zu sehen, wie ihr Kind
immer gehemmter wird und sich selbst immer mehr ab-
lehnt. Eltern können dies auch als sehr verblüffend empfinden, denn: Wie kann es sein, daß ein so liebenswertes
Kind, das so sehr geliebt wird, sich selbst gegenüber keine
Liebe mehr empfindet?

Der übliche Rat für Eltern ist, seinem Kind so oft wie
möglich zu sagen, daß es ganz wunderbar ist und daß Sie es
lieben. Das wird in keinem Fall etwas schaden, aber Exper-
ten zufolge haben Kinder, die von anderen schikaniert werden, oft sowieso ungewöhnlich enge und liebevolle Familienbeziehungen. Das trifft besonders häufig auf männliche
Mobbingopfer und deren Beziehung zu ihrer Mutter zu.
Ihrem Kind zu sagen, daß sie es lieben, kann also offensichtlich nicht die ganze Antwort sein.

In diesem, wie in allen anderen Bereichen, wird Ihr Kind
eher durch das lernen, was Sie ihm vorleben als durch das,
was Sie sagen. Es wird sich nicht lieben lernen, weil Sie es
lieben, sondern es wird lernen sich zu mögen, weil Sie sich
mögen.

Aus diesem Grunde ist es wichtig, daß Sie keinen Rat

befolgen, der Ihnen ein ungutes Gefühl gibt. Und viele der üblichen Ratschläge werden genau das zur Folge haben.

Oft wird Eltern geraten, ihr Kind dazu zu bringen, beispielsweise einem Club beizutreten und vielleicht die ersten paar Mal mit ihm gemeinsam dorthinzugehen. Wenn Sie kein Vereinsmensch sind, ist das kein guter Tip für Sie. Und wenn Ihr Kind auch keiner ist, ist es für Ihr Kind ebenfalls kein guter Rat, also ignorieren Sie ihn einfach.

Bei der Selbstachtung geht es einzig und allein darum, sich selbst zu akzeptieren, wie man ist. Und genau das macht Generalisierungen wie „Werden Sie Mitglied in einem Verein" unpraktikabel und widersinnig.

Sie können jedem in Ihrer Familie dabei helfen, sich selbst so weit wie möglich zu akzeptieren, wenn Sie alle ermutigen, einen starken Sinn für die Selbständigkeit jedes einzelnen zu entwickeln. Ihr Zuhause sollte ein Ort sein, an dem jeder sicher sein kann, daß er seine ehrliche Meinung offen sagen darf, ohne Zurückweisungen fürchten zu müssen.

Ein starkes Selbstwertgefühl

Menschen, die kein starkes Selbstwertgefühl haben, sind oft davon abhängig, daß andere Leute ihnen sagen, was sie denken oder fühlen sollen und wie sie sich verhalten sollen. Das macht sie verletzlich und führt dazu, daß sie viel Bestätigung brauchen. Sie mögen oft keine Veränderungen und versuchen ihre Umgebung unter Kontrolle zu halten, um sich selbst vor unerwarteten Entwicklungen zu schützen.

Um ein starkes Selbst zu entwickeln, muß Ihr Kind sich als Individuum erfahren, das losgelöst von anderen existiert und anderen gleichgestellt ist. Gute Abgrenzung von anderen hilft Ihrem Kind, sich als Einzelwesen wahrzunehmen, gleiche Rechte helfen ihm, sich gleichgestellt zu fühlen.

Gute Abgrenzung

Sich gut abzugrenzen ist wirklich wichtig und auch wirklich einfach. Einige grundlegende Punkte sind:

1. Raum für Privatsphäre

Im Idealfall sollte jeder einen Ort haben, an dem er alleine sein kann. Wenn Ihr Kind ein eigenes Zimmer hat, erlauben Sie ihm, die Tür abzuschließen oder ein „Bitte nicht stören"-Schild aufzuhängen und respektieren Sie dieses auch. Wenn es kein eigenes Zimmer hat, ist es umso wichtiger, seinen Wunsch zu respektieren, manchmal alleine zu sein, wenn es das möchte.

Kinder, die alt genug sind, um die Badezimmertür aufzuschließen, sind alt genug, um sie abzuschließen. Und ab etwa sieben oder acht Jahren brauchen die meisten Kinder keine Hilfe mehr beim Baden oder Haarewaschen.

Neben der räumlichen Privatsphäre brauchen wir alle auch die Freiheit, unsere eigenen Gedanken zu haben. Offene Aussprachen sind in Ordnung, solange sich keiner unter Druck gesetzt fühlt, mehr zu sagen als er möchte. Außerdem sollte es völlig normal sein, daß niemand Telefongespräche mithört oder Briefe öffnet und Tagebücher liest, die jemand anderem gehören.

Es ist eine gute Sache, wenn jeder in der Familie sein Privatleben ohne die anderen Familienmitglieder hat – Orte, an die man hingeht, Menschen, die man kennt und Dinge, die man ohne den Partner und die Kinder tut. Ihr Kind kann nicht erwachsen werden, solange es sich nicht eigene Erfahrungsbereiche erschließt, in die es Schritt für Schritt selbständig hineinwachsen kann. Wenn es sieht, daß Sie solche Bereiche haben, wird auch Ihr Kind sich solche Bereiche schaffen.

2. Halten Sie die Generationslücke offen

Ihr Kind braucht das Gefühl, daß Sie die Dinge im Griff haben, um herauszufinden, wie es Verantwortung übernehmen kann. Es braucht feste Grundsätze. Es kommt nicht darauf an, ob Ihr Kind mit Ihren Prinzipien einverstanden ist oder nicht. Ihr Kind sieht, daß Sie Prinzipien haben und danach leben können und dies wird es in die Lage versetzen, seine eigenen Grundprinzipien zu finden, während es erwachsen wird.

3. Ermutigen Sie zu Unterschieden

Ihr Kind braucht seinen eigenen Blickwinkel, muß seinen eigenen Geschmack entwickeln und seine eigene Wahl treffen. Bremsen Sie dies nicht, indem Sie seine Kleidung, seine Musik, seine Freunde und so weiter kritisieren, aber ersticken Sie es auch nicht, indem Sie alles kopieren. Sobald Sie seine Interessen teilen, sind es nicht mehr länger *seine* Interessen. Wenn Sie mit seinen Freunden Freundschaft schließen, sind es nicht mehr *seine* Freunde.

Es ist toll, wenn Sie einige Interessen teilen, aber wenn Sie sich zu sehr mit Ihrem Kind indentifizieren, wird es ihm sehr viel schwerer fallen, ein starkes Selbst zu entwickeln.

4. Lassen Sie jeden für sich selbst Verantwortung übernehmen

Wenn Ihr Zweijähriger den Pudel Ihrer Tante in der Toilette versenkt, während sie Sie auf eine Tasse Tee besucht, fühlen Sie sich vielleicht dafür verantwortlich. Aber wenn Ihre Kinder größer werden, müssen sie Verantwortung für sich selbst übernehmen. Lassen Sie sie soweit wie möglich ihre eigenen Entscheidungen treffen und die Konsequenzen tragen.

Was passiert, wenn Ihr Kind ein Haustier hat und sich nicht darum kümmert, daß es jeden Tag genug Futter und Wasser bekommt? Aus Rücksicht auf das Tier werden Sie denken, daß Sie die Pflege an seiner Stelle übernehmen sollten. Aber wenn Ihr Kind alt genug ist, ein Haustier zu haben, dann ist es auch alt genug, sich darum zu kümmern. Stellen Sie sicher, daß Ihr Kind weiß, welche Folgen für sein Tier – wie Leiden und Krankheit – aus der Vernachlässigung entstehen. Warnen Sie Ihr Kind, daß es, wenn es sich nicht richtig um sein Tier kümmert, das Tier an jemanden wird abgeben müssen, der das besser tut. Egal, was Sie tun, lassen Sie sich nicht darauf ein, sich selbst um das Tier zu kümmern.

Wenn Sie Ihr Kind Verantwortung übernehmen lassen, kann das manchmal ennervierend sein. Als meine jüngste Tochter sechs Jahre alt war, fand ich sie, wie sie dabei war, mit einem scharfen Messer eine rohe Karotte zu schälen und kleinzuschneiden, um sie für ihr Vesper einzupacken. Ich sagte ihr, daß sie das lassen solle und nahm ihr das Messer weg. Sie holte es sich zurück.

„Positiv denkende Eltern nehmen ihrem Kind keine Aufgabe ab, die das Kind selbst erledigen kann", sagte sie mir und zitierte damit wörtlich, was ich ihr gesagt hatte, als ich mich am Vortag geweigert hatte, ihr die Schnürsenkel zu binden. Ich zeigte ihr, wie man mit einem Schäler umgeht und zwang mich dazu, mich zurückzuhalten und sie weitermachen zu lassen.

Sie können immer Rat und Unterstützung anbieten, aber übernehmen Sie niemals mehr Verantwortung als Sie abhängig vom Alter des Kindes müssen.

Machen Sie umgekehrt auch nicht andere Menschen für Dinge verantwortlich, die Sie entschieden haben. Weder für die grundsätzlichen, wie das klassische „Zusammenbleiben wegen der Kinder", noch für die alltäglichen, wie nicht ausgehen, „denn ich weiß, daß du nicht willst, daß ich gehe".

Gleiche Rechte

Menschen, die die Rechte und Bedürfnisse anderer Menschen vor ihre eigenen stellen, verhalten sich passiv. Passive Menschen können leicht zu Opfern werden. Aggressive Menschen, die ihre eigenen Wünsche und Bedürfnisse zuvorderst stellen, können Täter werden. Menschen, die bestimmt handeln, respektieren die Rechte und Bedürfnisse anderer Menschen als den ihren gleichgeordnet. Ein anderes Wort für Selbstachtung und Selbstrespekt.

Kinder können passiv werden, wenn man sie zwingt, ihre Rechte aufzugeben. Das kann auf sehr viele subtile Arten geschehen und auch durch offensichtlichere Methoden wie verbale oder körperliche Unterdrückung.

Manchmal kann eine sich besonders nahestehende und glückliche Familie nur deshalb gut als Gruppe funktionieren, weil jedes dazugehörende Individuum es aufgegeben hat, eine abweichende Meinung oder Unzufriedenheit auszusprechen. Manchmal wird sich eine Familie, in der es nicht sehr harmonisch zugeht, als glückliche Familie darstellen können, weil alle Familienmitglieder das Recht aufgegeben haben, die Dinge beim Namen zu nennen.

Kinder fühlen sich leicht dazu verpflichtet, ihre Rechte aufzugeben, wenn ihre Eltern krank, unglücklich oder überarbeitet sind oder wenn ihre Geschwister noch sehr klein, sehr zahlreich oder sehr fordernd sind. Alles, was in einem Kind die Sicherheit erschüttert, daß seine Eltern in der Lage sind, es zu lieben und zu versorgen, wird seine Fähigkeit einschränken, für sich selbst einzustehen. Aus diesem Grund sind alle Kinder in Zeiten von Streß in der Familie anfälliger für Mobbing.

Die grundlegenden Rechte, die Ihr Kind braucht, sind:

1. Das Recht, respektvoll behandelt zu werden
Kein Kind sollte körperlich, mental oder emotional mißbraucht oder gedemütigt werden. Sarkasmus und Fluchen sind Zeichen von Respektlosigkeit. Versuchen Sie mit Ihrem Kind nur so zu reden, wie Sie wünschen, daß es mit Ihnen redet.

2. Das Recht, angehört zu werden – aber nicht das Recht, immer Recht zu haben
Jedes Kind hat das Recht, daß seine Einstellungen ernstgenommen und seine Gefühle geachtet werden, ohne daß es Angst haben muß, daß es bewertet, heruntergemacht oder ignoriert wird. Dies bedeutet jedoch nicht, daß jedes Kind immer das bekommen muß, was es möchte.

Daß Sie die Rechte Ihres Kindes respektieren, bedeutet nicht, daß Sie Ihre Macht aufgeben. Ihr Kind braucht die Gewißheit, daß Sie die Dinge im Griff haben, wenn es in der Lage sein soll, seine eigene Sicht der Dinge und seine Gefühle auszudrücken, ohne Angst vor den Folgen zu haben.

Eine Familienumgebung, die sich auf guter Abgrenzung und gleichen Rechten gründet, hilft Kindern dabei, ein starkes Gefühl für sich selbst als eigenständige und gleichberechtigte Individuen zu entwickeln. Eine familiäre Umgebung, die vielfältige Möglichkeiten bietet, sich selbst zu artikulieren, wird Ihre Kinder in die Lage versetzen, zu verstehen und zu schätzen, was für Individuen sie sind.

Sich selbst ausdrücken

Gefühle und Phantasie sind die Grundlage des Selbst, denn sie gehören nur dem Einzelnen; sie können nicht geteilt oder erworben werden wie praktische Fähigkeiten oder intellektuelles Wissen.

Gefühle ausdrücken

Die Gefühle Ihres Kindes und Ihre eigenen anzuerkennen, ist wichtig, wenn Ihr Kind lernen soll, seinen Gefühlen und damit sich selbst zu trauen. Wenn Sie Ihre eigenen Gefühle verleugnen, wird das, was das Kind empfindet, nicht zu dem passen, was Sie ihm sagen, und es wird vor Rätsel gestellt und verwirrt. Wenn Sie die Gefühle Ihres Kindes verleugnen, ermutigen Sie es dazu, es ebenso zu machen, und jeder Verlust an echtem Gefühl ist immer auch ein Verlust am Selbst.

Vor allem, wenn jemand versucht, schmerzvolle Gefühle auszudrücken, kann es sehr verlockend sein, zu versuchen, ihn zu bedrohen, zu bestechen oder so lange auf ihn einzureden, bis er es sein läßt. Fast alle von uns benutzen zuweilen den Humor oder die Ironie, um sich vor schmerzhaften Gefühlen zu schützen.

Wenn Sie über Ihre Gefühle offen und ohne Scham sprechen, zeigen Sie Ihrem Kind, daß es in Sicherheit ist und es genauso machen kann. Außerdem geben Sie ihm eine Sprache, mit der es die gesamte Bandbreite seiner Gefühle ausdrücken kann.

Das heißt nicht, daß Sie Ihr häusliches Leben in eine Art Melodram umwandeln sollten. Es geht nicht darum, mehr Gefühle zu haben, sondern mehr Gefühle auszudrücken. Wenn Sie also gerade Besuch von einem Ihrer liebsten Nachbarn hatten, sagen Sie nicht „Das war nett!" Vielleicht sagen Sie „Ich finde es wirklich toll, wenn sie vorbeischaut!" oder „Ich genieße seine Anwesenheit!"

Anstatt in der Küche Teller zu zerschlagen, wenn jemand etwas Schreckliches zu Ihnen gesagt hat, und sich zu weigern, darüber zu reden, könnten Sie sagen, daß Sie aufgeregt, erschüttert, verletzt, wütend oder erschrocken sind. Die beste Art, sich durch Ihre Gefühle hindurchzuarbeiten, ist, sie genau in Worte zu fassen. Die Menschen um Sie herum gewinnen dadurch an Sicherheit, da sie wissen, was los ist und sich entsprechend verhalten können.

Außer auf diese Weise ein Beispiel abzugeben, können Sie Ihr Kind dazu ermutigen, über seine Gefühle zu sprechen, indem Sie einfach seine Körpersprache deuten und versuchen, sie zu erraten. Wenn es auf dem Sessel herumlümmelt, könnten Sie anstatt „Hast du nichts zu tun?" zum Beispiel fragen „Hast du Langeweile?" oder „Hast du genug?" oder „Fühlst du dich alleine, krank, ungesellig . . ." je nachdem, was für einen Eindruck Ihr Kind gerade macht.

Sehr oft schaffen gemobbte Kinder es, jemandem zu erzählen, was los ist, aber es gelingt ihnen nicht, darüber zu reden, wie sie sich fühlen. Das führt dazu, daß sie versuchen müssen, mit einigen sehr starken Gefühlen ganz alleine zurechtzukommen. Wenn Sie Ihrem Kind helfen, über seine weniger schwierigen Gefühle zu sprechen, werden Sie es ihm viel leichter machen, auch die bedrückendsten mitzuteilen. Kleine Kinder, die es oft sehr schwierig finden, über ihre Gefühle zu sprechen, drücken sie häufig im Spiel aus. Sie können eine Lieblingspuppe oder ein Schmusetier als Sprecher für sich benutzen – „Der Teddy macht sich heute Sorgen um dich. Er denkt, du siehst irgendwie traurig aus" – und Ihr Kind kann sich mit Ihnen über das Spielzeugtier unterhalten. Oder Sie können das Spielzeug als Sprecher für das Kind einsetzen – „Ist der Teddy heute traurig? Was hat ihn denn aufgeregt?"

Wenn Ihr Kind schon zu alt ist, um mit seinen Spielsachen zu sprechen, möchte es vielleicht mit einem Tier reden. Kinder jeden Alters und auch wirklich viele Erwachsene haben das Gefühl, daß sie zu einem Tier über ihre tiefsten Empfindungen sprechen können. Selbst wenn es sich nur um ein kleines Tier wie eine Ratte oder einen Hamster kümmern muß, kann Ihr Kind viel über sich selbst lernen und bekommt außerdem das Gefühl, verantwortlich und versorgend zu sein.

Phantasien ausdrücken

So wie sie die Gefühle Ihres Kindes anerkennen können, können Sie ihm auch helfen, sich kreativ auszudrücken. Geben Sie ihm so viel Gelegenheit wie möglich, um seine Interessen zu verfolgen, auch wenn sie nicht dazu angetan scheinen, geselliger zu werden oder neue Freunde zu gewinnen und wir oft glauben, daß das die Dinge sind, die ein zum Opfer gewordenes Kind braucht. Musik, Sport, Kunst, Kochen und Gärtnern – alles, was es anspricht, wird ihm helfen, seiner geheimen Träume und Phantasien gewahr zu werden.

Ihr Kind kann nicht nur seine kreativen Fähigkeiten fördern, sondern die kreativen Techniken auch dazu nutzen, mit dem Problem des Mobbings umzugehen. Vielleicht möchten Sie es auch probieren. Schreiben und Malen sind mächtige Techniken, um über Traumata hinwegzukommen, denn sobald Sie etwas schaffen, werden Sie aktiv. Sie hören auf, passiv und hilflos zu sein und beginnen, die Kontrolle zu übernehmen.

Schreiben

Schreiben ist eine gute Methode, um Erfahrungen zu objektivieren. Wenn Sie Ihre Gefühle zu Papier bringen, trennen Sie sich von ihnen. Aus diesem Grund können so viele Menschen extremes Leiden dadurch bewältigen, daß sie ein Buch darüber schreiben.

In der westlichen Hemisphäre sind wir von der Idee besessen, daß etwas mit Ruhm oder Reichtum zu tun haben muß, damit es die Zeit wert ist, die wir damit verbringen. Dabei ist doch der Akt des Aufschreibens von Gedanken das, worauf es ankommt, und nicht das, was danach damit passiert.

Auch die westliche Besessenheit, alles messen und einem Standard unterordnen zu müssen, ist hier irrelevant: Der Wert dessen, was Sie schreiben, hängt nicht davon ab, ob es verglichen mit dem, was andere schreiben, „gut" ist, sondern gründet sich auf der Tatsache, daß *Sie* es geschrieben haben.

Schätzen und hegen Sie Ihr Schreiben, denn damit schätzen und hegen Sie sich selbst. Nehmen Sie sich Zeit zum Nachdenken, auch wenn Sie schließlich nur ein oder zwei Sätze niederschreiben werden.

Am einfachsten ist es, wenn Sie mit einem Tagebuch anfangen. Ich benutze ein normales Notizbuch. Damit bin ich an Tagen, an denen ich viel zu sagen habe, nicht auf eine Seite beschränkt und fühle mich an anderen Tagen, an denen ich nicht schreiben möchte, nicht verpflichtet. Ein Tagebuch kann wie ein Briefwechsel mit einem vertrauten Freund, einer Freundin sein. Und gerade wie bei einem solchen Briefwechsel wird es Zeiten geben, in denen Sie oft schreiben möchten und solche, in denen Sie die Dinge eine Weile schleifen lassen.

Es kann eine gute Idee sein, Briefe an alle Beteiligten der Mobbingsituation zu schreiben. Auf diese Art und Weise können Sie alles loswerden, was Sie gerne sagen möchten und doch nicht können. Natürlich wäre die Idee, diese Briefe auch tatsächlich abzuschicken, weniger gut.

Auch das Schreiben von Geschichten kann nützlich sein, wenn Sie sich damit wohlfühlen. Alles, was Sie sich ausdenken, kommt aus Ihrem Unbewußten, und Ihre Geschichten sind deshalb symbolische Nacherzählungen dessen, was Sie gerade beschäftigt und Ihnen Sorgen macht. Auch wenn Sie sich vielleicht nicht der kleinsten Verbindung zwischen Ihrem Leben und Ihrer Geschichte bewußt sind, wird es sie doch geben und Sie arbeiten Ihre Probleme in den Lebensläufen Ihrer Heldinnen und Schurken auf.

Malen

Malen ist – genau wie Schreiben – etwas, das wir nur tun, wenn wir entweder wissen, daß wir es gut können oder wenn wir dafür bezahlt werden – im günstigsten Fall beides. Das ist wirklich schade, denn jedes Kind hat das Bedürfnis, die Fähigkeit und das Selbstvertrauen, visuelle Bilder zu erschaffen, und in anderen Kulturen wird dies auch geschätzt und unterstützt bis ins Erwachsenenleben.

Ich benutze Selbstportraits gerne als eine Art visuelles Tagebuch. Vielleicht haben Sie und Ihr Kind ja auch Spaß daran. Wenn Sie sich blockiert fühlen, fangen Sie mit Ihrer nicht-dominierenden Hand an zu malen.

Schalten Sie Ihre Gedanken ab und kritzeln Sie ein bißchen herum. Malen Sie dann ein Bild von sich selbst. Es muß nicht genauso aussehen wie Sie. Sie können sich zum Beispiel in Kleidern malen, die Sie nicht wirklich besitzen oder Sie können sich eine andere Frisur malen. Man soll auf dem Bild erkennen, wie Sie sich fühlen, nicht, wie Sie aussehen.

Malen Sie nun einige Details des Hintergrundes. Sind Sie drinnen oder draußen? Zusammen mit anderen Leuten oder alleine? Welche Pflanzen oder Tiere können Sie sehen? Wie ist das Wetter?

Diese Übung spricht die rechte Seite Ihres Gehirns an, die unlogische, nicht-verbale Seite. Sie geht genau auf Ihre Gefühle ein und ermöglicht es Ihnen, zu sehen, wie Sie sich fühlen. Malen, ohne zu bewerten, hat überhaupt nichts mit dem rationalen Teil Ihres Gehirns zu tun und wird so zu einer Art Meditation. Deshalb ist es eine nützliche Technik für alle, die sich gestreßt fühlen.

Wenn Sie Farben und Stifte benutzen, wählen Sie die Farben auf die gleiche Weise aus – nicht danach, wie etwas wirklich aussieht, sondern, um Ihre Gefühle auszudrükken. Man hat bewiesen, daß Farben die Gemütszustände des Menschen beeinflussen, ja selbst seine körperliche Gesundheit. Wenn Sie mit Rosa arbeiten, kann sich das sehr beruhigend auswirken, während Gelb eine belebende Wirkung hat. Auch Farbkombinationen haben ihre spezifischen Effekte – rot mit orange fühlt sich ganz anders an als rot mit schwarz.

All Ihre Bilder, ob Sie nun Selbstportraits einschließen oder nicht, werden Ihren aktuellen Gemütszustand widerspiegeln. Wenn Sie aus Ihrem Ärger blitzende Gewitter, Schwerter oder wütende Löwen machen, dann formen Sie ihn um. Einen wunderschönen Garten zu zeichnen, ist eine Methode, um sich einen sicheren Ort zu schaffen. Sobald Sie mit dieser Art zu arbeiten anfangen, werden Sie wahrscheinlich einzelne Elemente immer wieder in allen möglichem Kontexten finden. Diese Symbole können mächtige Wahrzeichen des Selbst werden.

Sie können das Malen auch mit Worten kombinieren und Worte als Zentrum für Ihr Bild benutzen. Eines meiner Kinder machte einen bildschönen Pappmaché-Rahmen für das „Gelassenheits-Gebet":

Gib mir die Gelassenheit,
die Dinge anzunehmen, die ich nicht ändern kann,
den Mut,
die Dinge zu ändern, die ich ändern kann,
und die Weisheit,
die einen von den anderen zu unterscheiden.

Ein anderes malte ein Bild von einer sonnigen Wiese mit den Worten:

„Positive Grundeinstellung!"

unter einem riesigen Regenbogen.

Mit Arbeit dieser Art Zeit zu verbringen, bedeutet ein tieferes Verständnis zu erlangen für die Ideen, die Sie versuchen zu entwickeln. Außerdem macht es Spaß. Sie brauchen so gut wie kein Material und keine besonderen Fähigkeiten.

Ein Zuhause zu haben, das kreative Ausdrucksmöglichkeiten fördert, heißt nicht, daß jeder dauernd malt oder schreibt. Es ist mehr eine Frage der Einstellung. „Ich kann das nicht!" oder „Wozu soll ich das machen?" sind Todesstöße für die Kreativität. „Das kann jeder!" und „Das ist eine großartige Methode, dich selbst und die Welt verstehen zu lernen": Diese Aussagen bedeuten, daß Sie Ihrem Kind diesen Weg nicht versperren.

Wenn Sie Ihrem Kind erlauben, sich selbst ganz frei auszudrücken, müssen Sie auf das Beste und auf das Schlimmste gefaßt sein. Das Beste anzunehmen ist einfach. Aber bei der Selbstachtung geht es um eine totale Selbstannahme. Und wenn Sie die dunkle Seite Ihrer eigenen Persönlichkeit und der Ihres Kindes akzeptieren können, werden Sie Ihrem Kind damit auch zeigen, wie es seine eigene dunkle Seite annehmen kann.

Selbstannahme

Mit der folgenden einfachen Übung können Sie herausfinden, was für ein Rollenmodell Sie Ihrem Kind in Sachen Selbstannahme vorleben.

Stellen Sie sich vor einen Ganzkörperspiegel und schauen Sie sich lange und genau an. Drehen Sie sich, um sich aus verschiedenen Blickwinkeln zu sehen. Schauen Sie sich Ihr Gesicht aus der Nähe an. Untersuchen Sie Ihr Haar, Ihre Haut, Ihren Mund, die Nase, die Stirn. Schauen Sie sich selbst in die Augen. Was für ein Mensch glauben Sie zu sein?

Achten Sie darauf, was Sie sich innerlich sagen. Sagen Sie sich nun ganz laut: „Ich schaue gerade wunderschön aus und ich liebe mich genau so, wie ich bin."

Wenn Sie es schwierig fanden, sich selbst so nah anzuschauen, oder wenn Sie überrascht waren, wie kritisch Sie sich sahen oder wenn das „Ich liebe mich!" Ihnen schwer über die Lippen ging, machen Sie sich nichts daraus. Sie sind völlig normal. Geringe Selbstachtung ist eine Eigenschaft unserer Tage.

Problematisch ist nur, daß wir allen möglichen Arten von Druck ausgesetzt sind, die dazu führen, daß wir nur gute Dinge haben möchten – Gesundheit, gutes Aussehen, einen guten Job und so weiter. Wir möchten gute Eltern sein und gute Ehen führen. Wenn wir dieses Ziele nicht erreichen können, fühlen wir uns hilflos und unfähig. Wir denken, daß mit uns etwas nicht stimmt.

Aber das einzige, was mit uns nicht stimmt, ist, daß wir unrealistischen Zielen nachjagen. Niemand ist perfekt! Das Beste, was wir in Sachen Gesundheit, Aussehen und so weiter erreichen können, ist gut-und-schlecht. Das einzige Ziel, das wir uns realistisch setzen können, ist, das anzunehmen, was wir bekommen und daraus das Beste zu machen. Dieser Ansatz ist nicht nur unserer Selbstachtung zuträglich, sondern versetzt uns auch in die Lage, unsere Möglichkeiten viel voller auszuschöpfen.

Nehmen wir zum Beispiel das Aussehen. Wieviele Frauen kennen Sie, die mit ihrem Aussehen rundum zufrieden sind? Fast jede, die ich kenne, macht sich über irgendeinen Schönheitsfehler Sorgen. Menschen, die sich für zu dick halten, verstecken sich unter vielen Kleiderschichten oder zwängen sich in beengende Unterwäsche, die sie befangen und unbequem aussehen lassen. Menschen, die denken, sie hätten keine schöne Haut, schiefe Zähne, eine große Nase oder Tränensäcke unter den Augen schränken ihre Mimik ein und schauen weg, wenn Sie mit einem reden. Wir ziehen auf vielfältige und subtile Weise die Aufmerksamkeit auf unsere Schönheitsfehler, wenn wir versuchen, sie zu kaschieren und machen uns so weniger attraktiv. Eine Frau, die sich in ihrer Haut wohlfühlt, sieht gut aus, auch wenn sie in keiner Weise unseren üblichen Schönheitsvorstellungen entspricht.

Der Wunsch, ein guter Vater oder eine gute Mutter zu sein, ist der Auslöser für viel Besorgtheit und setzt Ihr Kind großem Druck aus. Das wird sich auch an Ihrem Verhältnis zueinander zeigen. Wenn Sie sich wünschen, ein guter-und-schlechter Vater oder eine gute-und-schlechte Mutter zu sein, werden Sie in jedem Fall Erfolg haben. Niemand braucht sich Sorgen zu machen. Wenn Sie ein gutes-und-schlechtes Kind haben wollen, werden Sie niemals enttäuscht werden. Mit dem Wunsch eine gute-und-schlechte Ehe zu führen, haben Sie eine viel größere Chance, niemals vor einem Scheidungsrichter zu stehen.

Anstatt zu versuchen, gut zu sein, versuchen Sie lieber, Sie selbst zu sein. Ganz Sie selbst mit all Ihren Fehlern. Denn wenn es darum geht, Sie selbst zu sein, sind Sie der Experte oder die Expertin. Machen Sie die Spiegel-Übung noch einmal. Sagen Sie sich all die Dinge, die Sie sich normalerweise vor dem Spiegel sagen – „Meine Beine sind zu dick . . . mein Gesicht ist zu schmal . . . ich habe herabhängende Mundwinkel . . . ich bin ein Schwarzseher . . ." Lassen Sie nun das Bedürfnis perfekt zu sein los. Sie haben dicke Beine, ein schmales Gesicht, einen mürrischen Mund und einen Hang zum Nörgeln. Na und?

Sobald Sie aufhören, das Schlechte zu sehen, sind Sie viel eher in der Lage, das Gute zu bemerken. „Ich habe ziemlich sensible Augen . . . gerade Schultern – einen eleganten Hals . . ."

Sie können sich sagen „Ich sehe gerade wunderbar aus", weil es so ist – Sie sehen wunderbar nach sich selbst aus. Sie können sagen „Ich liebe mich!", denn Sie stellen keine Bedingungen auf, und das ist es, was Liebe ausmacht.

„Ich liebe mich!" ist die bestmögliche Gegenmaßnahme bei zu geringer Selbstachtung. Seien Sie also nett zu sich selbst. Kritisieren oder werten Sie sich nicht und machen Sie auch keine Witze auf Ihre eigenen Kosten. Jedes Mal, wenn Sie sagen „Was bin ich nur für ein Idiot!", „Wie dumm von mir!" oder „Warum hab ich das bloß gemacht?" bekommt Ihre Selbstachtung einen Schlag.

Achten Sie auf Ihre Beziehung zu sich selbst – sie ist die einzige Beziehung, die definitiv bis ans Ende Ihres Lebens dauern wird.

Sie ist auch das Modell, an dem Ihr Kind sein Verhältnis zu sich selbst ausrichten wird. Dieses Verhältnis richtig hinzukriegen ist sogar noch wichtiger, als rauszugehen und neue Freunde zu gewinnen. Vielleicht ist es eine Vorbedingung, um überhaupt neue Freunde zu finden. Ihrem Kind dabei zu helfen, seine Selbstachtung zu entwickeln oder wiederaufzubauen, wenn es tyrannisiert worden ist, kann schwierig sein. Abgrenzung zu erreichen läuft vielleicht gegen Ihren Instinkt, Ihr Kind zu schützen, und scheint die Stabilität der Familie zu gefährden. Ihr Kind seine schmerzvollen Gefühle ausdrücken zu lassen, wird auch für Sie schmerzvoll sein. Ihre eigenen Schwächen und Fehler zu akzeptieren und liebevoll zu sich selbst zu sein, kann eine ganze Menge Widerstand auslösen.

Aber es lohnt sich, daran zu arbeiten, denn eine gute Selbstachtung ist die Wurzel einer psychischen Selbstverteidigung. Und gerade so, wie Ihr Kind lernen muß, sich gegen die Wut und die Aggressionen derer zur Wehr zu setzen, die es drangsalieren, müssen Sie sich vielleicht gegenüber der Wut und der Aggression Ihres Kindes verteidigen. Zumindest solange, bis es lernt, mit diesen Gefühlen auf konstruktive Weise umzugehen.

Kapitel 6

Nutzen Sie die Wut

Jeder, der herumgeschubst, geärgert, verspottet, bedroht und ausgeschlossen wird, empfindet früher oder später Wut.

Das Gute daran ist, daß Wut reine Energie ist. Sie gibt uns die Kraft, für unsere Rechte aufzustehen, unsere Grenzen zu schützen und unsere dringendsten Bedürfnisse und Wünsche mitzuteilen.

Wir benutzen oft Worte aus dem Bereich der Hitze, um über Wut zu reden – wir können ein feuriges Temperament haben und uns an hitzigen Diskussionen beteiligen. Wut ist der Funke, der einen lodernden Ehrgeiz, eine brennende Leidenschaft entfacht. Er wird immer dann erzeugt, wenn uns ein Strich durch die Rechnung gemacht wird und stachelt uns zu mehr Einsatz an. Für ein Kind, das gemobbt wird, kann Wut die Kraft sein, die die Situation wendet.

Das Schlechte ist, daß Wut – genau wie Feuer – gefährlich und zerstörend sein kann, wenn man nicht richtig damit umgeht. Kinder, die drangsaliert werden, können leicht von so intensiven Wutgefühlen überwältigt werden, daß ihre normalen Fähigkeiten, damit umzugehen, in keinster Weise ausreichen. Sie können ihre Wut nicht direkt gegenüber den Menschen ausdrücken, auf die sie wütend sind, und so staut sie sich zu einem Druck auf und wird schließlich einfach zu explosiv, als daß man damit umgehen könnte.

Kinder in einer Mobbingsituation können auf zweierlei Arten versuchen ihre Wut loszuwerden. Manche werden ihre Wut zerstreuen und ungewöhnlich aggressiv werden. Sie lassen ihre Wut an anderen Leuten aus, die nichts mit dem Mobbing zu tun haben. Andere drosseln ihre Wut und

wenden sie nach innen. Sie werden depressiv oder selbst-
zerstörerisch. Viele Kinder reagieren auf beide Weisen.

Wenn sich Ihr Kind zu Hause aggressiv verhält

Sie können in diesem Fall auf eine der vier folgenden Arten
reagieren:

1 Sie werden auch wütend
Das erhöht den allgemeinen Wutpegel in der Familie. Es
führt dazu, daß Ihr Kind sich von Ihnen entfremdet und so
seinen wertvollsten Verbündeten verliert. Das macht seine
Wut noch angsteinflößender und noch unkontrollierbarer.

2 Sie werden auch wütend und geben es weiter
Dieses Spielchen nennt man auch „Die Katze treten". Ihr
Sohn schreit Sie an, weil Sie ihn gebeten haben, sein
Zimmer aufzuräumen. Sie bekommen schlechte Laune
und fahren ihre Tochter wegen irgendeiner unwichtigen
Kleinigkeit an. Das macht auch sie wütend und sie schaut
sich nach jemandem um, an dem sie ihre Wut auslassen
kann . . . Paß gut auf dich auf, Katze!

3 Sie sind ärgerlich, aber Sie sagen nichts
Das bringt Sie in die Märtyrerrolle. Sie brauchen Ihre
gesamte Kraft, um Ihre Wut zu unterdrücken und haben
keine übrig, um Ihrem Kind zu helfen. Außerdem merkt
jeder, daß die Situation brenzlig ist und Sie jeden Moment
in die Luft gehen können.

*4 Sie erinnern sich an das Spiel mit den heißen Kartof-
feln . . . und geben sie zurück.*
Der Schlüssel zum Zurückgeben der heißen Kartoffel ist,
die Dinge nicht persönlich zu nehmen. Konzentrieren Sie
sich auf die Tatsache, daß die Wut und die schlechte Laune
nicht Ihre Probleme sind, sondern die ihres Kindes. Sobald

sie zu Ihrem Problem werden, sind Sie nicht mehr in der Lage, Ihrem Kind zu helfen.

Vielleicht ist es schwer zu glauben, aber Wutausbrüche sind normalerweise ein Hilferuf. Das aggressive Kind hat ein dringendes Bedürfnis nach Anerkennung und Bestätigung. Machen Sie ihm klar, daß Sie gerne bereit sind, mitzufühlen und anzuhören, was es zu sagen hat, aber nur, wenn es ordentlich mit Ihnen spricht, ohne zu fluchen und zu schreien. Der Erfolg dieser Strategie hängt eventuell davon ab, wie gut Sie selbst ohne Schreien und Fluchen auskommen.

Sie können vermeiden, in einen Streit hineingezogen zu werden, wenn Sie beispielsweise auf die Forderungen und Beschuldigungen Ihres Kindes mit einer Frage reagieren. Wenn es zum Beispiel sagt „Immer hackst du auf mir rum!" können Sie fragen „Findest du, daß ich immer auf dir rumhacke?" oder „Hacke ich wirklich immer auf dir rum?" Daß diese Fragen neutral und nicht anklagend klingen sollten, versteht sich von selbst.

Wenn Ihr Kind zu Hause für Ärger sorgt, weil es Rangeleien mit seinen Geschwistern anfängt, lösen Sie die Situation am besten damit auf, daß Sie anbieten, sich beide Seiten jeweils für sich anzuhören, aber nur, wenn keiner herumschreit und den anderen unterbricht. Danach können Sie versuchen, jedes der Kinder dazu zu kriegen, sich die Dinge aus der Perspektive des anderen anzuschauen. Dabei können Sie die Kinder auch fragen, wie sie sich fühlen und wie sie sich die Gefühle des anderen vorstellen. Bestimmt haben beide irgendwie Schuld an der Rangelei und so können sich beide für ihren Teil entschuldigen. Sie müssen nicht entscheiden, wer Recht hat und wer nicht. Egal wer angefangen hat, es braucht immer zwei zum Streiten und jeder der beiden hätte einfach aus dem Zimmer gehen können.

Manche Kinder sind von Natur aus aggressiver als andere und manche haben es versäumt, früh zu lernen, wie man mit Wut umgeht. Ein aggressives Kind hat vielleicht als

Kleinkind gelernt, daß es bekommt, was immer es will, wenn es einen Wutanfall bekommt. Da der aggressive Umgang mit Wut Vorteile brachte, mußte es vielleicht nicht lernen, auf konstruktivere Weise mit dem Gefühl der Wut umzugehen.

Zum Glück ist es nie zu spät zu lernen. Versuchen Sie also so weit als möglich, Ihrem Kind nicht alles zu geben, was es will, wenn es zu Hause aggressiv wird – geben Sie ihm nicht einmal die Befriedigung, mit Ihnen einen Streit angefangen zu haben. Aber geben sie ihm auf jeden Fall das, was es so verzweifelt braucht, nämlich das Gefühl, daß seine Empfindungen erkannt und anerkannt werden. Das Angebot zuzuhören, wenn ihr Kind ordentlich mit Ihnen spricht, wird ein großer Anreiz sein. Und die Weigerung, zuzuhören, solange es wütet, schimpft und Sie anschreit, ist eine ausreichende Drohung.

Wenn Ihr Kind depressiv und selbstzerstörerisch wird

Auch dies ist ein Hilferuf. Aber zu erkennen, wie man einem Kind helfen kann, das in sich zurückgezogen und reserviert ist, kann genauso schwierig sein, wie bei einem Kind, das sich feindlich und voll von Wut zeigt.

Auch hier sollten Sie sich zuerst wieder daran erinnern, daß es das Problem Ihres Kindes ist, nicht Ihr eigenes. Wenn auch Sie ängstlich und depressiv werden, sind Sie nicht mehr in der Lage, Ihrem Kind zu helfen. Wenn es Sie frustriert und wütend macht, daß Ihr Kind dauernd Trübsal bläst, verstärken Sie nur noch die negativen Gefühle, die Ihr Kind sowieso schon hat.

Ein passives Kind kann von Natur aus introvertiert und zurückgezogen sein, oder es hat vielleicht früher die Handlungsweise gelernt, Wutgefühle gegen sich selbst zu richten.

Vielleicht waren seine Eltern krank, überarbeitet oder selbst zu ängstlich, um ihre eigene Wut herauszulassen und das Kind hat deshalb keinen Mut, seine Wut auszudrücken. Vielleicht ist es eher ruhiggestellt statt befriedigt worden. Vielleicht hat es einfach herausgefunden, daß es keinen Sinn hat, Wut mitzuteilen, weil es ihm nie die Anerkennung gebracht hat, die es wollte. Vielleicht hat sich das Depressivsein als effektivere Handlungsstrategie in seiner Situation erwiesen.

Wenn Ihr Kind niedergeschlagen ist, wird es vielleicht nicht einmal erkennen, daß die Wurzel dieser Depression Wut ist. Möglicherweise empfindet es überhaupt keine Wut. Da Wut jedoch einen solch großen Anteil an der Mobbingerfahrung hat, bedeutet das, daß ihr Kind den Zugang zu großen Teilen seines Selbst verloren hat.

Wenn Sie Ihrem Kind helfen, mit der Depression umzugehen, funktioniert das nach dem gleichen Muster wie die Hilfe beim Umgang mit der Aggression. Zuerst müssen Sie aufpassen, nicht in seine Gefühle hineingezogen zu werden und auf Ihre eigenen Gefühle konzentriert bleiben. Erlauben Sie Ihrem Kind zweitens nicht, Sie respektlos oder gedankenlos zu behandeln, auch wenn es ihm offensichtlich nicht gut geht. Alles, was Ihren Wert senkt, verringert auch Ihre Möglichkeit zur Hilfestellung, und deshalb ist es wichtig, daß Sie sich für Ihre eigenen Rechte einsetzen.

Drittens, spiegeln Sie Ihrem Kind zurück, was es zu Ihnen sagt, indem Sie mit Zustimmung oder einer Frage antworten. Diese Vorgehensweise gibt Ihrem Kind die Gelegenheit, sich seiner Gefühle klar zu werden und sie umfassender auszudrücken.

Wenn Ihr Kind zum Beispiel sagt „Ich hasse mein Leben", können Sie antworten „Du haßt dein Leben?" oder „Ja, im Moment ist es schon ganz schön hart für dich!" Je weiter Ihr Kind seine negativen Gefühle entdecken kann, umso näher kommt es der zugrunde liegenden Wut. Lassen Sie sich also nicht dazu verführen, seine Gefühle zurückzuweisen und zu beteuern, daß alles in Ordnung ist oder halb so schlimm. Versuchen Sie nicht, die Situation durch Ablenkungen zu verbessern und gewähren Sie auch keine besonderen Privilegien. Die Botschaft wäre nur, daß, wenn Ihr Kind sich der Situation nicht stellt, Sie dafür einspringen. Vermeiden Sie auch den Versuch, die Gefühle Ihres Kindes durch weiteres Mobbing zu verändern und ihm zu sagen, daß es sich zusammenreißen soll und daß es gar nicht weiß, wie gut es ihm geht.

Wie schwierig es auch immer sein mag, mit einem verzweifelten Kind zusammenzuleben: Es gibt keine Abkürzung zurück zum glücklichen Leben. Ihr Kind macht einen Prozeß durch, und der braucht seine Zeit. Machen Sie sich keine Sorgen, wenn es lange zu dauern scheint – versuchen Sie geduldig zu sein.

Im Allgemeinen denkt man von Depressionen nur Negatives. Das ist eigentlich schade. Man könnte sie genauso gut als eine Art Rückzugsgebiet in konfliktreichen oder verwirrenden Zeiten betrachten, als sicheren Ort, an den der Mensch sich zurückziehen kann, wenn die Belastungen des Lebens drohen, ihn zu überwältigen. Einer meiner Freunde nennt Depressionen die natürliche Methode, zu bremsen und der Seele die Zeit zum Aufholen zu geben.

Ihr depressives Kind muß Schritt für Schritt den Kontakt mit seinen schwierigen Gefühlen aufnehmen, in seinem eigenen Tempo. Diese Arbeit läuft innerlich ab, und vielleicht scheint ihr Kind währenddessen schrecklich zurückgezogen zu sein. Aber Sie können helfen und es ungemein unterstützen, wenn Sie einfach für Ihr Kind da sind. Zusammensitzen und gemeinsam fernsehen gibt manchmal ein geborgenes Gefühl und fordert sehr wenig von einem. Laubsägearbeiten können beruhigen und sind konstruktiv, und Ihr Kind kann sich Bilder aussuchen, die es beruhigend und bestätigend findet. Vielleicht möchte es, daß Sie mitmachen oder macht es lieber alleine.

Zeichnen und Malen und jede Art von Handarbeit sind ebenfalls gute Zeitvertreibe. Wenn Ihr Kind gerne liest, stellen Sie sicher, daß es einen großen Vorrat an Büchern aus der Bücherei hat. Versuchen Sie keine Angst vor dem

Unglücklichsein Ihres Kindes zu bekommen, denn damit würden sie auch Ihr Kind ängstigen. Nehmen Sie es als eine Tatsache des Lebens an und helfen Sie Ihrem Kind, damit zu leben, bis es vorbeigeht.

Depressive Menschen können oft Kraft aus ihrer natürlichen Umgebung beziehen. Einfach nur die Erde unter den eigenen Füßen zu spüren, kann einem ein wunderbar festes Gefühl geben. Wenn Ihr Kind das Leben auf dem Dorf oder in Parks mag, gehen Sie dort so oft wie möglich zusammen hin, aber erwarten Sie nicht, daß es dadurch besonders gesellig wird. Lassen Sie es einfach in der Natur seinen eigenen Gedanken nachhängen.

Ein Kind aus meinem Bekanntenkreis hat vor kurzem einige schreckliche Rückschläge erlitten und ist sehr niedergeschlagen. Alles, was es tun möchte, ist, ins Moor fahren und dort spazierengehen. Seine Mutter nimmt es so oft es geht mit und geht mit ihm spazieren, und sie sind auf dem Weg der Besserung.

Es ist gegen den elterlichen Instinkt, sein Kind leiden zu lassen, aber wenn Ihr Kind deprimiert ist, gibt es oft nicht sehr viel anderes, was Sie tun könnten. Ihr depressives Kind braucht eine Menge Liebe und Unterstützung, aber es braucht auch Raum, um seine eigenen Gefühle zu erleben und zu lernen, mit ihnen klarzukommen. Es braucht Sie nicht, damit Sie seine Kämpfe durchstehen, auch nicht den inneren Kampf gegen seine eigene Wut. Sein Leiden ist ein Zeichen dafür, daß die Wut noch lebt, es ist wie ein Aufglühen der Glut.

Geraten Sie nicht in Panik wegen der Depression Ihres Kindes. Betrachten Sie sie als seine Art, in angemessener Geschwindigkeit mit schwierigen Gefühlen ins Reine zu kommen. Versuchen Sie nicht, Ihr Kind zu hetzen, aber geben Sie ihm zu verstehen, daß Sie für es da sind, wenn es soweit ist und über die Dinge reden möchte. Denken Sie daran, daß viele Menschen, die schwere Schübe von Depressionen und sogar ganze Zusammenbrüche hatten, sagen, daß sie aus dieser Erfahrung mit wunderbaren neuen

Einsichten hervorgegangen sind, die ihnen halfen, wirklich positive Veränderungen in ihrem Leben vorzunehmen.

In jeden Fall wird es unglaublich schwierig für Sie werden, nicht aus der Fassung zu geraten und zu verzweifeln, wenn Ihr Kind beginnt, selbstzerstörerische und selbstmörderische Tendenzen zu zeigen. Aus hochgelegenen Fenstern klettern, vor Autos laufen, Schmerztabletten handvollweise schlucken – all dies sind keine ungewöhnlichen Hilferufe. Vielleicht ist es Ihnen ein gewisser Trost, sich daran zu erinnern, daß sie nur sehr selten im Selbstmord enden. Aber natürlich müssen sie dennoch sehr ernst genommen werden. Ihr Kind muß in verzweifelter Not sein, wenn es solch verzweifelte Hilferufe abgibt.

Ich denke, mit einem selbstmordgefährdeten Kind ist es noch wichtiger als sonst, offen über das zu reden, was vor sich geht. Erklären Sie ihm die möglichen Folgen seines Verhaltens, nämlich, daß Selbstmordversuche oft nicht den Tod, sondern schwerwiegende Behinderungen zur Folge haben. Daß Selbstmordgedanken eine lebenslange Gewohnheit werden können und daß dann, was als Zufluchtsort vor den Problemen angefangen hat, schnell zur Falle wird.

Machen Sie Ihrem Kind klar, daß Sie immer da sind, wenn es irgendwann über etwas reden möchte, was es bedrückt. Sagen Sie ihm, daß Sie einen Termin vereinbaren können, wenn es lieber mit einem Therapeuten sprechen möchte. Sprechen Sie über alternative Methoden, mit Verzweiflung umzugehen, zum Beispiel ihr einfach ihren Lauf zu lassen, anstatt in Panik zu verfallen und diese Gefühle zu bekämpfen. Helfen Sie Ihrem Kind zu verstehen, daß die Zeit alle Wunden heilt und daß das Ausfindigmachen von Beschäftigungen, die einem die Zeit vertreiben, eine Möglichkeit ist, die Zeit diese Aufgabe erfüllen zu lassen.

Und schließlich: Machen Sie Ihrem Kind auf jeden Fall klar, wie schrecklich es für Sie wäre, es zu verlieren. Sagen Sie ihm, daß Sie nicht möchten, daß es sich umbringt, daß Sie aber auch wissen, daß es nichts gibt, was Sie tun könnten, um es aufzuhalten. Sie lassen Ihrem Kind so die Möglichkeit, für sich selbst Verantwortung zu übernehmen. Außerdem handeln Sie pragmatisch, denn es gibt wirklich nichts, was jemand tun könnte, um jemanden aufzuhalten, der sich entschieden hat, sich das Leben zu nehmen.

Diese Erkenntnis ist zwar sehr furchteinflößend, aber gleichzeitig lebenswichtig. Der erste Instinkt von Eltern, die sich der Gefahr gegenübersehen, ein Kind zu verlieren, ist, zu handeln – irgendwelche Maßnahmen zu ergreifen, egal wie verzweifelt –, zu beschützen und das Kind zu retten. Wenn diese Bedrohung vom Kind selbst ausgeht, können die Reaktionen der Eltern alles andere als hilfreich sein. Vielleicht bemerken Sie, daß Sie gegenüber Ihrem selbstmordgefährdeten Kind erstaunlich feindselig eingestellt sind und eher die Neigung haben, es aus seinen Depressionen herauszuzwingen, als ihm die Unterstützung zu geben, die es braucht.

Seien Sie gut zu sich selbst. Denken Sie daran, daß vielleicht auch Sie jemanden brauchen, mit dem Sie reden können. Es ist eine brisante und alarmierende Situation, aber ob Sie sich nun dafür oder dagegen entscheiden, Hilfe für sich und ihr Kind in Anspruch zu nehmen: Wenn Ihr Kind Selbstmordabsichten hat, ist es sehr nahe an einem Durchbruch. Die Wut und der Haß, die es gegen sich selbst gewandt hat, sind so stark geworden, daß sie mörderisch sind. Das Aufglühen der Glut ist kurz davor, Flammen zu schlagen.

Reagieren Sie positiv, wenn Ihr depressives Kind es schafft, seine Wut zu zeigen. Es muß merken, daß es in Ordnung ist, wütend zu sein. Zeigen Sie ihm, daß Sie keine Angst vor seiner Wut haben, dann muß auch Ihr Kind sich nicht davor fürchten. Inwiefern Sie in der Lage sind, Ihrem Kind seine Wut zuzugestehen, hängt davon ab, wie gut Sie Ihre eigenen Grenzen schützen können. Wie sehr Sie Ihrem Kind dabei helfen können, seine Wut effektiv umzusetzen, hängt davon ab, wie gut Sie Ihre eigene einsetzen können.

Wie Sie Wut wirkungsvoll einsetzen

Wenn Ihr Kind tyrannisiert wird, werden Sie wahrscheinlich oft Gelegenheit haben, den wirkungsvollen Einsatz von Wut zu üben. Denn egal wie sehr Sie sich bemühen, nicht von der Woge der Verzweiflung oder des Zornes Ihres Kindes ergriffen und mitgerissen zu werden, es wird Ihnen bestimmt nicht immer gelingen. Sie werden auch selbst genug Wut haben: Auf diejenigen, die Ihr Kind quälen, auf die Lehrer, die es nicht beschützen und so weiter.

Schreien und Schimpfen oder Händeringen wird natürlich überhaupt nichts nützen, aber machen Sie sich keine Sorgen, wenn Sie feststellen, daß Sie sowohl das eine wie auch das andere recht ausgiebig betreiben. Es gibt keine einfache, schmerzlose Art und Weise mit Wut umzugehen. Es braucht Geduld, Mut, Klarheit und große Anstrengung, um damit zurechtzukommen und die meiste Zeit kommen wir ein wenig in Richtung passiver oder aggressiver Vermeidungsstrategien vom goldenen Mittelweg ab.

Zurechtzukommen ist sehr viel einfacher, wenn es Ihnen gelingt, eine positive Haltung gegenüber der Wut einzunehmen und eine klare Strategie zu entwickeln, wie Sie mit ihr umgehen wollen.

Eine positive Haltung einnehmen
Es ist einfach, Wut als negativ zu empfinden, denn ihre negativen Folgen sind im allgmeinen offensichtlicher als die positiven. Ein Grund dafür ist die Tatsache, daß die positiven Folgen der Wut sich nur im Inneren des Einzelnen zeigen, während die negativen Auswirkungen auf andere Menschen übergreifen.

Als ich noch zur Schule ging, zeigte ich bei einer Versuchsbeschreibung für meine Chemieprüfung eine so schlechte Leistung, daß mein Lehrer mir jede Begabung absprach und mir empfahl, das Fach komplett aufzustecken. Ich war wütend, denn ich hatte hart gearbeitet und bisher in diesem Fach gute Leistungen gebracht. Meine fünf in diesem Test betrachtete ich als nichts weiter als ein kleines Formtief. Wenn ich ein paar Türen zugeschlagen, mit jemandem Streit angefangen hätte oder deprimiert und zurückgezogen geworden wäre, wären das sehr spürbare negative Folgen der Wut gewesen. Aber ich weigerte mich damals einfach, Chemie abzuwählen, wiederholte den Stoff intensiv und bekam eine Eins. Niemand hätte bemerkt, daß es zu diesem unerwarteten Ausgang nur kam, weil ich so wütend war, daß ich mir hatte sagen lassen müssen, daß ich keine Begabung für dieses Fach hätte.

Auch im Sport können Sie immer wieder sehen, wie die Wut am Werk ist. Wenn ein Fußballer sich beispielsweise als Opfer einer schlechten Schiedsrichterentscheidung sieht, kann es auf eine der drei folgenden Weisen weitergehen: Er kann aggressiv werden und fluchen, damit das Spiel unterbrechen und riskieren, vom Platz gestellt zu werden; er kann sein Mißfallen durch eine Geste zeigen und aufhören, sich Mühe zu geben; oder er kann das zusätzlich ausgeschüttete Adrenalin dafür nutzen, sich besser zu konzentrieren und noch entschlossener zu sein, ein Tor zu schießen.

Kein Fußballer möchte das Opfer einer falschen Entscheidung sein, genau wie außerhalb des Sports niemand unfair behandelt, provoziert oder behindert werden möchte, aber diese Dinge geschehen nun einmal. Wut ist eine unausweichliche Tatsache in unserem Leben und der Unterschied zwischen jemandem, der dauernd gestreßt und frustriert ist und jemandem, der seine Ziele erreicht, liegt oft nur in der klaren Strategie, wie dieser jemand mit Wut umgeht.

Entwickeln Sie eine klare Strategie
So sieht der Vier-Punkte-Plan für den Umgang mit Wut aus:

1. Erkennen Sie die Wut;
2. Geben Sie ihr Ausdruck;
3. Setzen Sie die Kraft frei;
4. Setzen Sie die Energie in Handlung um.

Wenn es funktioniert, ist es genial! Bei meiner Chemieprüfung wußte ich zum Beispiel, daß ich wütend war und ich wußte auch, warum: Ich sagte meinem Lehrer, daß ich wütend war und weigerte mich, das Fach aufzugeben; ich setzte die Kraft frei und blieb nicht in Mutlosigkeit und Scham stecken, und ich setzte diese Energie um, indem ich auf eine Eins hinarbeitete.

In den meisten Fällen liegen die Dinge natürlich nicht so offen und auf jeder Stufe kann es zu Widerständen kommen. Manchmal wissen wir, daß wir wütend sind, drücken diese Wut aber negativ aus. Manchmal haben wir keine Probleme, unsere Wut zu artikulieren, finden es aber schwierig, keine Schuldzuweisungen zu unternehmen. Und recht häufig schaffen wir nicht einmal die erste Stufe: das Erkennen der Wut.

1. Die Wut erkennen

Es gibt viele Gründe, warum wir uns keine Wut zugestehen. Es kann ein innerer Widerstand sein, aus einem Schuldgefühl heraus, falls unsere Wut zum Beispiel unvernünftig ist oder aus Angst, von der Kraft der Wut fortgerissen zu werden. Oder es kann mit der Reaktion des Menschen zu tun haben, auf den wir wütend sind. Sie werden ein labiles Kind nicht aufregen und ein aggressives nicht reizen wollen.

Aber das bedeutet nicht, daß die Wut einfach verschwindet. Die Kraft ist unzerstörbar und die Energie der Wut kann, wenn sie nicht erkannt und in nützliche Aktionen kanalisiert wird, zu zerstörerischen Folgen im körperlichen, sozialen und psychischen Bereich führen.

Die körperlichen Folgen der Wut, wie zum Beispiel erhöhter Blutdruck, der den Körper auf Handlung vorbereitet, führen zu Gesundheitsproblemen, wenn die Wut nicht verarbeitet wird. Langfristig können im Zusammenspiel mit einem aufbrausenden Temperament Herzerkrankungen damit zu tun haben oder bei passiveren Menschen Krebs. Die kurzfristigen Folgen umfassen Spannungskopfschmerzen, Herzrasen, Atemnot, Hautprobleme, Schmerzen und Krankheiten und eine ganze Palette von geringeren Problemen. Einer der Nebeneffekte der nicht verarbeiteten Wut kann es auch sein, daß man eher in Gefahr ist, Unfälle zu verursachen.

Im sozialen Bereich dient Wut der Selbstbestätigung im Verhältnis zu anderen Menschen. Langfristig kann eine nicht anerkannte Wut hier Beziehungen gefährden, da die Betroffenen streitsüchtig oder reserviert, unberechenbar, unzuverlässig, ausweichend oder manipulierend werden. Kleinigkeiten können zu Streitereien um nichts und wieder nichts und zum Zusammenbruch der Kommunikation führen.

Der psychologische Wert der Wut als einem Mittel der Selbstdarstellung und -erhaltung kann ebenfalls verlorengehen, wenn die Wut nicht als solche erkannt wird. Die Folgen können Probleme wie Depressionen, Ängstlichkeit und geringes Selbstwertgefühl sein.

Immer, wenn Sie ein Problem haben, sollten Sie überprüfen, ob der unterschwellige Grund dafür Wut sein könnte. Wenn Sie Kopfschmerzen haben oder einen Unfall oder einen Hautausschlag, fragen Sie sich „Warum bin ich wütend?" Wenn Sie sich in einer Beziehung unwohl fühlen oder ohne ersichtlichen Grund traurig sind, stellen Sie sich die gleiche Frage. Versuchen Sie wirklich für alle Möglichkeiten offen zu sein und Sie werden erstaunt sein, was herauskommt.

Sie können Wut auch erkennen, wenn Sie ihre Verkleidungen durchschauen lernen. Worte wie „enttäuscht", „frustriert" und „gelangweilt" können alle Wut beschreiben, ohne sie beim Namen zu nennen. Aufgeregt, besorgt, verwundert, erschüttert . . . die Liste ist endlos.

Diese Vorgehensweise kann Ihnen helfen, rational zu erkennen, daß Sie wütend sind. Der nächste Schritt ist, die Wut am Gefühl zu erkennen, das sie verursacht. Wut ist ein sehr unbequemes Gefühl. Es kommt auf, wenn es in uns einen Konflikt gibt zwischen dem, was wir haben und dem, was wir haben möchten. Solange dieser Konflikt ungelöst ist, wird es zu Frustrationen und Angst kommen. Die Menschen auf beiden Seiten der Mobbingsituation haben eine niedrige Toleranzschwelle für Frustration. Eines ihrer Probleme es, daß sie sofort agieren oder reagieren müssen, um Frustration zu vermeiden. Das bedeutet, daß sie, sobald sie wütend werden, sofort bekommen müssen, was sie wollen, oder sofort aufgeben müssen.

Wenn Sie fühlen, wie die Wut in Ihnen aufsteigt, halten Sie inne. Fühlen Sie den Anstieg des Adrenalins und die Kraft. Manche Bücher empfehlen, bis zehn zu zählen und dabei langsam ein- und auszuatmen. Ich selbst spreche lieber die Bezeichnungen für zehn Gegenstände im Zimmer vor mich hin. Das sind einfache Methoden, um die Energie aufrechtzuerhalten und sich Zeit zum Überlegen zu geben, wie man reagieren möchte. Sie können so die Wut auf positivere Weise ausdrücken anstatt sofort aggressiv oder deprimiert zu reagieren.

2. Der Wut Ausdruck geben

Am positivsten können Sie Ihrer Wut Ausdruck geben, wenn Sie einfach sagen, daß Sie wütend sind. Es gibt keinen Grund, sich darüber Sorgen zu machen, ob das vernünftig ist, oder nicht – Sie beschreiben ein Gefühl, und Gefühle sind nicht rational. Wenn Sie es der Person, auf die Sie wütend sind, nicht direkt sagen können, genügt es auch, sich selbst die Wut einzugestehen.

Das ist wirklich alles, was Sie tun müssen. Sobald Sie beginnen, die Wut dazu zu benutzen, andere Menschen zu einer Änderung in ihrem Verhalten oder Ihrer Meinung zu zwingen, machen Sie aus einer gesunden Form der Selbstdarstellung einen häßlichen Akt der Aggression. Fluchen, die Nerven verlieren, Drohen und Schreien und natürlich auch körperliche Gewalt – all das bedeutet, Wut auf aggressive Weise auszudrücken.

Andere aggressive Arten, die Wut auszudrücken sind weniger offensichtlich. Spötteln ist normalerweise eine versteckte Aggression, auch im Zusammenhang einer liebevollen Familie. Wenn Sie jemanden ärgern oder geärgert werden, hören Sie auf die Worte und nicht auf das Lachen. Was ist die wörtliche Bedeutung des Gesagten? Würden Sie es auch in ernstem Tonfall sagen?

Auch übertriebene Kritik und Beschämung sind negative Methoden, um Wut auszudrücken, ebenso wie Kühle und Zurückweisung.

Sagen Sie also einfach „Ich bin wütend", erklären Sie, warum, und bereiten Sie sich darauf vor, die Kraft freizusetzen.

3. Die Kraft freisetzen

Sie müssen sich nicht dafür rechtfertigen, daß Sie wütend sind. Sie haben absolut das Recht auf Ihre eigenen Gefühle. Was Sie nicht haben, ist das Recht, rechtzuhaben, oder das Recht, daß sich alles nach Ihnen richtet.

Wenn Sie das Gefühl haben, daß Sie recht haben müssen, bedeutet das, daß Sie jemanden brauchen, dem Sie die Schuld geben können. Damit Sie Recht haben können, muß die Person, auf die Sie wütend sind, Unrecht haben. Wenn Sie jemanden brauchen, dem Sie die Schuld geben können, bringen Sie sich in eine abhängige Position und geben Ihre Kraft ab.

Genauso ist es, wenn Ihre Wut damit zusammenhängt, daß Sie sich durchsetzen müssen. Sie werden abhängig von der Person, auf die Sie wütend sind, da sie ihr Bedürfnis befriedigen muß.

Wenn Sie das Recht, rechtzuhaben, loslassen, bedeutet das auch, daß Sie die Verpflichtung, rechthaben zu müssen, loswerden. Und das Recht, sich durchzusetzen, loszulassen, heißt auch, das Bedürfnis danach loszuwerden.

Es ist ganz in Ihrem egoistischen Interesse, Schuldzuweisungen und den Wunsch nach Kontrolle loszulassen, denn sonst können Sie die Energie, die Ihre Wut produziert, nicht freisetzen und in eine Handlung umwandeln.

4. Die Energie in Handlung wandeln

Der erste Impuls, wie Sie die Kraft in Handlung umsetzen können, ist ein körperlicher. Oft wird empfohlen, in ein Kopfkissen zu boxen. Ein ordentlicher Spaziergang oder eine Runde Jogging, ein Sqash-Match, lautes Singen, laute Musik hören, zum Beispiel Hardrock oder Oper, wütende Briefe schreiben oder wütende Bilder malen: All das sind wunderbare Methoden, die Aggression loszuwerden, ohne die Energie zu verlieren.

Aber körperliche Aktivität ist nur die erste Stufe. Sie gibt Ihnen Zeit, Ihre Wut zu verarbeiten, Ihre Kraft zu fühlen und zu verstehen, was Ihnen fehlt.

Warum sollten Sie Zeit brauchen, um Ihre Wut zu verstehen? Weil die Dinge meist nicht so sind, wie sie auf den ersten Blick scheinen, wenn es um Wut geht. Vielleicht sind Sie gar nicht aus dem Grund wütend, von dem Sie ausgehen, oder auf die Person, die Sie annehmen. Wenn Ihre Wut zu heiß ist, um angepackt zu werden, wird sie oft auf etwas oder jemanden abgelenkt, der weniger bedrohlich ist. Vielleicht trauen Sie sich beispielsweise nicht, auf Ihren Chef wütend zu sein, und deshalb regen Sie sich statt dessen heftig über die politische Lage auf oder fangen mit Ihrem Partner einen Streit an.

Fragen Sie sich „Worüber bin ich eigentlich wirklich wütend?" und „Auf wen bin ich eigentlich tatsächlich wütend?" wenn Sie wütend sind und vor allem dann, wenn die Wut unangemessen erscheint.

Genauso wie Wut von ihrem eigentlichen Gegenstand abgelenkt werden kann, kann sie auch benutzt werden, um andere negative Gefühle zu verdecken. Vielleicht möchten Sie sich nicht gedemütigt fühlen müssen, weil Sie sich verirrt haben, und so werden Sie wütend, weil der Straßenplan nicht genau genug ist. Recht oft werden Menschen auch wütend, um Angst zu vermeiden. Fragen Sie sich also auch „Wovor habe ich Angst?"

Stellen Sie sich vor, ein Mann ist wütend auf seine Frau, weil sie sehr spät von einem Abend mit ihren Freundinnen nach Hause kommt. Welche Ängste verdeckt seine Wut vielleicht? Die Antworten auf diese Frage sind recht vielfältig, nicht wahr?

Wenn Sie sich selbst immer diese Fragen stellen, wenn Sie wütend sind, werden Sie einige nützliche Informationen zu Ihrer Situation erhalten. Wenn Sie ein Muster feststellen – Dinge, die Sie immer wütend machen – werden es sogar nützliche Informationen über Ihre Person sein. Werden Sie wütend, wenn Sie sich kritisiert fühlen? Haben Sie Angst vor Kritik? Warum? Werden Sie wütend, wenn Leute Sie ignorieren? Wodurch würden Sie sich wohler fühlen?

Wenn Sie sich die Zeit lassen, Ihre Wut zu verstehen, werden Sie erkennen können, was Sie brauchen. Dann können Sie die Kraft der Wut dazu nutzen, Wege zu finden, wie Sie Ihre wahren Bedürfnisse befriedigen können.

Wenn Ihr Kind gemobbt wird, wird es sicherlich Wut empfinden. Wie es mit dieser Wut umgeht, hängt zum Teil von seinem Temperament und zum Teil von seinen bisherigen Erfahrungen ab. Vor allem aber hängt es davon ab, wie es Sie mit Ihrer Wut umgehen sieht. Wenn Sie dazu neigen, viel zu schreien, wird auch Ihr Kind das tun; wenn Sie Türen schlagen, wird es das auch tun; wenn Sie körperliche Gewalt ausüben, tut das auch Ihr Kind.

Niemand kann Wut dauernd auf positive Weise empfinden, ausdrücken und benutzen. Wenn Sie sich aber der positiven Seite der Wut immer bewußt sind, werden Sie eine positive Haltung gegenüber der Wut einnehmen können.

Wut ist die Wurzel der Kraft – der Kraft, etwas zu erreichen, Erfolg zu haben, sich mit gesundem Wettbewerb auseinanderzusetzen, sich selbst zu kennen und darzustellen. Für ein tyrannisiertes Kind kann sie die Kraft sein, mit der es die Angst besiegen kann.

Kapitel 7

Mit Angst zurechtkommen

Angst ist ein schreckliches Problem für jedes Kind, das gemobbt wird.

Wenn Sie Ihrem Kind dabei helfen, genug Vertrauen zu Ihnen zu haben, daß es Ihnen sagen kann, was los ist, dann helfen Sie ihm dabei, seine Angst zu überwinden, als Opfer bloßgestellt und gedemütigt zu werden und mit allem alleine fertig werden zu müssen.

Wenn Sie Ihrem Kind dabei helfen, eine positivere Einstellung zu entwickeln, versetzen Sie es in die Lage, seine Angst, daß die Mobbingsituation sein ganzes Leben bestimmen könnte, zu überwinden.

Wenn Sie Ihrem Kind dabei helfen, seine Selbstachtung wiederzuerlangen, versetzen Sie es in die Lage, seine Angst, daß etwas mit ihm nicht in Ordnung sein könnte, zu überwinden.

Wenn Sie Ihrem Kind helfen, seine Wut zu erfahren und auf konstruktive Weise auszudrücken, versetzen Sie es in die Lage, seine Angst, sich für sich selbst einzusetzen, zu überwinden.

Die Angst im Leben Ihres Kindes zu reduzieren hilft auf zweierlei Arten: Erstens wird Ihr Kind dadurch weniger zum Ziel von Mobbing, da aggressive Menschen besonders von ängstlichen Menschen angezogen werden, und zweitens wird Ihr Kind eher fähig sein, sich auf die besondere Angst davor, gepiesackt zu werden, zu konzentrieren und damit wirksam umzugehen.

Der erste Schritt im Umgang mit Angst ist ganz einfach, sie anzunehmen. Wenn Ihr Kind gequält wird, ist es in einer angsteinflößenden Situation und muß Angst haben.

Versuchen Sie nicht, es vor diesen Gefühlen zu beschützen. Angst ist sehr ansteckend und auch Sie werden Angst empfinden. Versuchen Sie nicht, sich zu schützen.

Das mag völlig offensichtlich scheinen, aber das ist es nicht. Angst ist ein derart ungemütliches Gefühl, daß die meisten von uns einiges auf sich nehmen, um sie nicht fühlen zu müssen. Wo immer wir können, verkleiden wir sie, streiten sie ab oder umgehen sie.

Angst verkleiden, abstreiten und umgehen

Angst zu verkleiden, bedeutet, ihr einen anderen Namen zu geben. Nehmen wir zum Beispiel an, jemand bietet Ihnen Freiflugtickets für eine Reise ins Ausland an und Sie haben Flugangst. Vielleicht reden Sie sich dann ein, daß Sie viel zu beschäftigt sind oder niemanden haben, der mitreisen könnte oder daß Sie nicht das Gefühl haben möchten, in jemandes Schuld zu stehen.

In einer Mobbingsituation verkleidet Ihr Kind seine Angst, zur Schule zu gehen, vielleicht damit, daß es sich einredet, sich krank zu fühlen oder mit seinen Aufgaben nicht nachzukommen. Vielleicht kann es sich sogar selbst davon überzeugen, daß es sich sehr clever anstellt, um die Schule rumzukommen, denn normalerweise würden Sie ihm das niemals erlauben.

Wenn Ihr Kind in die Schule gehen möchte, Sie aber zu viel Angst haben, es gehen zu lassen, verkleiden Sie Ihre Angst vielleicht und reden sich ein, daß Ihr Kind heute gar nicht gut aussieht und zu Hause bleiben sollte. Oder vielleicht lassen Sie es gehen und merken plötzlich, daß Sie mit ihm die Straße hinuntergehen, weil Ihnen gerade etwas eingefallen ist, so daß Sie den gleichen Weg haben. Sie leben Ihre Angst aus, erkennen sie aber nicht als solche.

Angst abzustreiten hat nichts damit zu tun, sie auszuleben. Es bedeutet, sie völlig zu ignorieren. Wenn Menschen Ihre Angst abstreiten, werden sie leichtsinnig und impulsiv. Sie nehmen die Freiflugtickets an, obwohl Sie schreckliche Angst vor dem Fliegen haben und bekommen dann im Flugzeug einen Herzanfall.

In der Mobbingsituation bedeutet das, daß Ihr Kind sich nicht darum schert, gefährlichen Orten und Situationen aus dem Weg zu gehen; vielleicht provoziert es die Leute, die es piesacken, sogar. Wenn Sie Ihre Angst abstreiten, dann zwingen Sie vielleicht Ihr Kind, in die Schule zu gehen, obwohl es sich krank oder schwach fühlt. Sie sagen ihm vielleicht, daß es zurückschlagen soll, obwohl es die halbe Fußballmannschaft auf es abgesehen hat.

Angst zu vermeiden bedeutet, daß Sie sich Situationen schaffen, in denen Sie vor dem Gefühl der Angst geschützt werden. Vermeider haben ein starkes Bedürfnis, die Kontrolle zu behalten. Sie kennen ihre Grenzen, sind realistisch. Sie würden die Freiflugtickets nicht annehmen, weil Fliegen wirklich nicht ihre Sache ist.

In der Mobbingsituation bleibt ihr Kind vielleicht einfach zu Hause. Es gibt seine Hobbies im Freien auf und sieht statt dessen fern. Es zieht sich vielleicht aus seinem gesamten Freundeskreis zurück, für den Fall, daß sich alle gegen es wenden könnten. Wenn Sie Ihre Angst umgehen wollen, ermutigen Sie es vielleicht dazu, sich so einzuschränken, damit Sie sich nicht so viele Sorgen um es machen müssen.

Problematisch an diesen Strategien zum Verkleiden, Abstreiten und Vermeiden von Angst ist, daß sie nicht funktionieren. Die meisten von uns leiden unter Ängsten, die in keinem Verhältnis zu den tatsächlichen Gefahren in unserer Umgebung stehen. Die Angst vor Krankheit zum Beispiel treibt die Menschen viel häufiger zum Arztbesuch als tatsächliche Krankheit. Es veranlaßt sie auch, ihr Leben zu verändern, was ihre Angst dann noch verstärkt, da diese Änderungen dauernde kleine Erinnerungshilfen sind. Die Angst vor Kriminalität macht Menschen zu Gefangenen in ihren eigenen Wohnungen, ohne daß jemals irgendeine Straftat gegen sie verübt worden wäre.

Wenn Ihr Kind versucht, keine Angst zu haben, wird das dazu beitragen, daß es in der Mobbingsituation eingeschlossen bleibt. Wenn es frei sein möchte, wird es lernen müssen, sich der Angst zu stellen, sie zu tolerieren und zu verstehen.

Sich der Angst stellen

Wenn wir aufhören, vor der Angst wegzulaufen, wird sehr schnell klar, daß sie eine nützliche Hilfsquelle ist.

Wenn wir sie nicht mehr verkleiden, kann sie uns viele Informationen über uns selbst geben. Sie zeigt uns unsere Grenzen und damit unsere Möglichkeiten, zu wachsen. Solange jemand seine Angst nicht eingestehen kann, ist er wie ein Alkoholiker, der seine Flaschen versteckt – er hat keine Chance, Hilfe zu bekommen und kann nicht weiterkommen.

Wenn wir aufhören, unsere Angst abzustreiten, kann sie uns helfen, in Sicherheit zu bleiben. Sie kann uns dabei helfen, innerhalb unserer Grenzen zu bleiben, sogar während wir versuchen, diese zu erweitern.

Wenn wir aufhören, Angst zu vermeiden, können wir das Bedürfnis loslassen, unsere Umgebung durch Routinen und Sturheit zu kontrollieren. Entscheidungen zu treffen ist kein Problem mehr. Wir können die Zukunft samt dem Geist von Abenteuer und der Gewißheit des Unerwarteten in die Arme schließen.

Ohne Angst haben wir keine Gelegenheit, uns selbst als mutig und kraftvoll zu erleben. Sich der Angst stellen und sie zu bewältigen, bringt eine Hochstimmung mit sich. Es ist das perfekte Gegengewicht zu Langeweile und Trägheit und außerdem die Wurzel des Erfolges, der Dynamik und des persönlichen Wachsens.

Haben Sie also keine Angst vor der Angst. Zeigen Sie Ihrem Kind, wie es sich seiner Angst auf positive Weise stellen kann. Zweifeln Sie nicht an Ihrer eigenen Fähigkeit, klarzukommen – oder an der Ihres Kindes. Wenn Sie sich bei dem Gedanken ertappen, daß Sie fürchten, mit irgendetwas nicht zurechtzukommen, sagen Sie sich einfach sofort eindringlich, daß Sie es können. Wenn Sie sich bei dem Gedanken ertappen, daß Sie fürchten, Ihr Kind könnte mit irgendetwas nicht zurechtkommen, sagen Sie sich einfach sofort eindringlich, daß es das doch kann.

Im folgenden einige praktische Techniken, die Sie beide benutzen können, um Ihrer Angst Herr zu werden.

Sechs einfache Techniken, um mit der Angst zurechtzukommen

1 Atmen

Wenn Sie Angst haben – oder auch, wenn Sie ein anderes starkes Gefühl haben, das droht, Sie zu überwältigen – achten Sie auf Ihre Atmung. Das ist eine sehr einfache Methode, Ihre Konzentration weg von der Quelle Ihrer Angst und zurück auf sich selbst auszurichten. Sie hilft Ihnen, eine gewisse Distanz zu bekommen.

Ein zusätzlicher Vorteil ist, daß Sie, sobald Sie auf Ihre Atmung achten, automatisch damit beginnen, sie zu regulieren. Die Beruhigung Ihres Körpers wird Ihnen helfen, auch Ihre Gefühle zu beruhigen.

2 Finden Sie einen Beschützer

Sich auf seine Atmung zu konzentrieren ist eine gute Methode, um in Krisensituationen Distanz zu gewinnen. In anderen Situationen können Sie ein symbolisches Objekt oder einen Beschützer benutzen, um Abstand von Ihrer Angst zu bekommen. Manche Erwachsene finden das schwierig, aber die meisten Kinder fühlen sich sehr wohl damit.

Eines meiner Kinder hatte zum Beispiel einige Sorgenpüppchen. Am Abend vertraute es jedem Püppchen eine seiner Sorgen an und steckte sie unter sein Kopfkissen.

Dann konnte es beruhigt einschlafen, da es wußte, daß seine Sorgen wohlbehütet waren, bis es am nächsten Morgen bereit war, sie wieder zurückzunehmen.

Meine jüngste Tochter benutzte einen Puppenteekessel in der gleichen Weise. Jeden Freitag wurde in ihrer Klasse jemand an der Tafel abgehört und jeden Donnerstag konnte sie vor lauter Angst davor nicht einschlafen. Schließlich hatte sie die Idee, Ihre Angst in den Teekessel zu tun und den Deckel in der Nacht vor dem Abhören fest zuzumachen. Danach konnte sie gut schlafen, wachte nicht gerädert auf und konnte so auch viel bessere Leistung bringen. Als sie lernte, sich weniger zu sorgen, hatte sie auf wundersame Weise weniger, worüber sie sich Sorgen machen mußte.

3 Konzentrieren Sie sich auf den Augenblick
Mit den Beschützern können Sie sich auf imaginäre Weise von Ihrer Angst distanzieren. Eine rationalere Methode ist die, sich auf den Augenblick zu konzentrieren. Bei den meisten Ängsten geht es nicht um das, was in diesem Moment passiert, sondern um das, was in der Zukunft passieren könnte.

Wenn Sie wachliegen und sich Sorgen machen, können Sie sich Abstand verschaffen, indem Sie sich sagen „In diesem Augenblick kann nichts Schlimmes passieren, deshalb höre ich mit meinen Sorgen bis morgen früh auf." Vielleicht möchten Sie sie ja aufschreiben und dann mit einer symbolischen Geste beiseitelegen. Wenn Sie Probleme damit haben, sich auf Ihre Arbeit zu konzentrieren, weil Sie Angst haben, Ihrem Kind könnte es in der Schule gerade schlecht gehen, können Sie sich sagen „In diesem Augenblick kann ich nichts daran ändern, deshalb höre ich mit meiner Angst auf, bis ich nach Hause komme."

4 Mächtige Objekte
Durch die ganze Geschichte haben Menschen symbolische Gegenstände benutzt, die Ihnen Glück, Mut, Schutz, Ruhe und Klarheit gaben.

Journalistinnen und Filmemacher, die aus Kriegsgebieten berichten, benutzen oft Glücksbringer, die sie beschützen sollen. Schauspieler, Sportlerinnen, Bergsteiger – Menschen, die sich in ihrem täglichen Leben der Angst stellen müssen – benutzen solche Dinge. Es müssen nicht unbedingt konkrete Gegenstände sein, es kann sich auch um Rituale oder magische Worte wie Mantras oder Affirmationen handeln.

Manche Menschen glauben, daß so etwas funktioniert, weil es einem hilft, die eigene Energie zu konzentrieren. Ein Glücksbringer zeigt einem zum Beispiel nur das eigene Potential, Glück zu haben, und vergrößert es so.

Andere glauben, daß manche Gegenstände tatsächlich mit speziellen Kräften aufgeladen sind, von denen man zehren kann. Edelsteine sind ein Beispiel hierfür.

Niemand würde in Frage stellen, daß Quarzkristalle Energie erzeugen – sie werden weithin dafür benutzt, um Uhren und Radios zu betreiben. Ob Rosenquarz deshalb eine rosafarbene Energie produzieren kann, die Ihnen helfen kann, sich liebenswerter und liebevoller zu fühlen, oder Amethyst eine violette Energie, die Sie spiritueller macht, kann nicht wissenschaftlich nachgewiesen werden. Aber vielleicht möchten Sie ja für sich damit experimentieren.

Gehen Sie in einen Edelsteinladen und schauen Sie sich um. Nehmen Sie die Edelsteine, die Sie anziehen, in die Hand und sehen Sie, wie sie sich dort anfühlen. Fragen Sie nicht nach den besonderen Eigenschaften, die die einzelnen Edelsteinen haben sollen, und lesen Sie auch nichts darüber – vertrauen Sie Ihrer Intuition. Finden Sie erst, wenn Sie Ihre Wahl getroffen haben, heraus, für welche Anwendungen der Stein empfohlen wird. Sie werden überrascht sein, wie genau ihre Intuition Sie zu genau dem Stein führt, von dem die Bücher sagen, daß Sie ihn brauchen.

Ihr Kind wird wahrscheinlich den rituellen Aspekt beim Einsatz von Edelsteinen mögen. Wenn Sie einen Stein kaufen, müssen Sie ihn zuerst von allen negativen Schwingungen reinigen. Es gibt sehr viele verschiedene Vorgehensweisen dafür, aber mir gefällt die folgende am besten:

Setzen Sie sich still hin und halten Sie den Stein in Ihrer Hand. Atmen Sie ein paarmal tief ein und aus. Stellen Sie sich eine Flamme von weißem Feuer vor, die aus Ihrem Scheitel flammt. Ziehen Sie diese Flamme jetzt hinunter bis zu Ihren Augenbrauen und dann zu Ihrem Mund.

Blasen Sie die Flamme dreimal vorsichtig über Ihren Edelstein.

Der Stein ist nun bereit, für Ihren Zweck programmiert zu werden. Dazu müssen Sie einfach Ihre Absicht aussprechen. Das kann ganz allgemein sein, zum Beispiel „Gib mir Mut!" oder so speziell wie „Hilf mir, diese Aufgabe zu verstehen!"

Edelsteine sind sowohl befriedigende als auch kraftvolle Objekte. Sie können schön aussehen und gut anzufassen sein. Sie tragen die Magie und die Geheimnisse der Erde in sich. Jungs können ein Stück polierten Stein in ihren Hosentaschen verwahren; Mädchen tragen ihn vielleicht lieber als Ring oder Anhänger. Ein größeres Stück eines beruhigenden Steins neben dem Bett kann den Schlaf verbessern; ein klarer Stein auf dem Schreibtisch kann die Konzentration fördern.

Es kommt nicht darauf an, welche Art von Objekt Sie und Ihr Kind auswählen, um Ihnen Mut und Ruhe zu geben. Und es ist auch egal, warum diese Dinge funktionieren. Tatsache ist, daß sie es tun. Gegenstände in dieser Weise zu benutzen, ist für jeden von uns natürlich – die erste furchteinflößende Herausforderung der Trennung von unserer Mutter bewältigen wir mit Übergangsobjekten wie Teddies und Schmusedecken. Und nur in der westlichen Welt stuft man den Glauben an die besonderen symbolischen Kräfte der Dinge als kindisch und abergläubisch ein.

5 Kreatives Visualisieren

Wir benutzen Visualisierung dauernd unfreiwillig, um die Wirklichkeit zu verstehen. Wenn ich Ihnen zum Beispiel sagen würde, daß ich, um dies zu schreiben, in einem umgebauten Stall hinten in meinem Garten sitze, würden Sie sich automatisch ein mentales Bild von mir, meinem Stall und meinem Garten schaffen.

Kreative Visualisierung unterscheidet sich davon nur darin, daß sie willentlich vonstatten geht. Es bedeutet, daß man sich absichtlich mentale Bilder erschafft, um sich die Realität zu schaffen, die man haben möchte.

Kreative Visualisierung ist überhaupt nicht schwierig. Es ist einfach und sehr angenehm. Sie sitzen einfach nur für ein paar Augenblicke still, schließen Ihre Augen und entspannen sich. Atmen Sie drei- oder viermal tief ein, um aus Ihrer objektiven Situation heraus und an Ihren inneren Ort zu gleiten. Wählen Sie nun ein Bild, das die Gefühle auslöst, die Sie empfinden möchten. Wenn Sie zum Beispiel Angst haben, wählen Sie vielleicht einen Löwen. Erleben Sie die Vorstellung so ausgiebig wie möglich. Fühlen Sie die heiße afrikanische Sonne, riechen Sie die trockene Luft; sehen Sie die rote Erde, die orangerote Sonne und das gelbe Gras. Hören Sie, wie ein Windhauch hindurchraschelt und die Vögel flatternd auffliegen.

Sehen Sie den Löwen, massiv und majestätisch, wie er sich langsam bewegt. Seien Sie der Löwe. Wie fühlt sich das an? Fühlen Sie seine Gefühle. Sie können Furchtlosigkeit und Macht erleben, ohne aus Ihrem Sessel aufstehen zu müssen. Wenn Sie solche Visualisierungsübungen oft durchführen, werden Sie bestimmte Gefühle sofort heraufbeschwören können, indem Sie einfach an den Löwen denken, ohne jedes Mal das ganze Bild wieder aufbauen zu müssen.

Wie Sie sich Ihr Kind vorstellen, macht einen großen Unterschied in den Gefühlen aus, die Sie ihm gegenüber haben und damit auch einen großen Unterschied darin, wie es ihm selbst geht. Wenn Sie sich Ihr Kind als kleine, sensible, ängstliche Person in einer feindlichen Umgebung vorstellen, werden Sie viel Angst um es haben und diese Angst wird sein Selbstvertrauen untergraben. Sie können sich dafür entscheiden, Ihr mentales Bild von Ihrem Kind zu ändern und es als den kraftvollen, einzigartigen Menschen zu sehen, der es ist.

Das funktioniert übrigens auch allgemein. Wenn Sie zum Beispiel möchten, daß Ihr Kind sich höflicher verhält, stellen Sie es sich einfach immer als den höflichen Menschen vor, der es sein könnte. Sie werden sich ihm gegenüber anders fühlen, es selbst wird sich anders fühlen und Sie werden die Veränderung erreichen, die Sie anstreben.

Vielleicht möchten Sie Visualisierung auch für andere Beziehungen ausprobieren. Eine meiner Freundinnen wurde von Ihrer Mutter tyrannisiert. Immer, wenn die alte Dame zu einer ihrer Tiraden anhob, stellte meine Freundin sich eine rosarote Blase vor, die vom Himmel herabschwebte und im Fallen immer größer wurde, bis sie schließlich ihre Mutter und sie umfaßte. Da Rosarot für meine Freundin eine Symbolfarbe für die Liebe war, konnte sie so auf liebevolle Weise Abstand von ihrer Mutter gewinnen.

Als meine Freundin sich nicht mehr länger provozieren ließ, gab ihre Mutter es nach und nach auf, und die beiden konnten über ihre Meinungsverschiedenheiten ruhiger und vernünftiger reden.

Manche Menschen visualisieren gerne einen Stern oder einen Lichtpunkt genau über ihrem Kopf, der sie beschützt, ihnen Glück bringt und ihnen den Weg weist. Ein Schutzengel könnte die gleichen Gefühle der Sicherheit und der Kraft hervorrufen.

6 Erweitern Sie Ihre Grenzen

Üben Sie mit Ihren kleinsten Ängsten und lernen Sie so, sich Ihren größten zu stellen. Stellen Sie sich die Aufgabe, etwas zu tun, wovor Sie recht wenig Angst haben, und versprechen Sie sich eine Belohnung, wenn Sie es geschafft haben. Diese Aufgabe kann etwas sein, wie jemanden anrufen, vor dem Sie sich fürchten, oder alleine in einem netten Restaurant essen gehen. Wenn Sie Selbstvertrauen bei den leichteren Aufgaben gewonnen haben, versuchen Sie etwas Schwierigeres. Seien Sie nicht übermäßig strebsam – wichtig ist, daß Sie das Hochgefühl spüren, sich einer

Angst zu stellen und sie zu bewältigen. Dieser Vorgang wird in Susan Jeffers Buch *„Selbstvertrauen gewinnen"* genau beschrieben.

Diese Übung wird Ihnen dabei helfen, zu erkennen, wie-viele kleine Dinge im Leben Sie aus Angst umgehen und wie befreiend es ist, mit weniger Angst zu leben. Wenn Sie Angst als eine Schranke betrachten, hinter die Sie nicht ge-langen können, wird Ihr Leben immer begrenzt bleiben. Wenn Sie sie aber als Herausforderung begreifen, werden Sie Ihre Grenzen permanent erweitern, und Ihre Möglich-keiten werden uneingeschränkt sein.

Wenn Sie Angst mit Hilfe dieser Techniken eindämmen und beherrschen, können Sie in bestimmten Situationen ein Gefühl der Macht erleben. Das kann der erste Schritt dahin sein, das erstaunliche Kraftreservoir zu entdecken, über das jeder und jede von uns zu jeder Zeit verfügt.

Die Kraft der Liebe

Angst ist ein solch furchtbares Gefühl, daß wir die Men-schen, die uns Angst machen, hassen und uns über sie ärgern.

Daß wir sie hassen, gibt den Menschen Macht über uns, denn Haß ist zersetzend – er frißt sich in unser Leben. Wir werden dadurch herabgesetzt, gerade so, wie diejenigen, die wir hassen, überproportional groß werden. Haß ist sowohl ein Ausgangspunkt als auch eine Folge von Angst.

Menschen zu lieben, gibt Kraft, denn wenn Sie der Ge-bende sind, sind Sie derjenige, der die Macht hat. Angst kann nicht neben der Liebe existieren und deshalb ist sei-nen Feind zu lieben das perfekte Gegenmittel gegen Angst. Das Problem ist: Wie kann dieses scheinbar unmögliche Ziel erreicht werden?

Vor Jahren las ich über einen Mann, der in Griechenland von der Militärjunta inhaftiert und so schlimm zusammengeschlagen worden war, daß sein ganzer Körper aussah wie rohe Leber. Nicht ein Quadratzentimeter seiner Haut behielt seine normale Farbe.

Der Mann erholte sich nie wieder ganz, aber als es ihm wieder gut genug ging, um über seine entsetzliche Tortur reden zu können, sagte er, daß er die Menschen, die ihn geschlagen hatten, nicht haßte – er bemitleidete sie.

Ich erinnere mich daran, daß ich diese Geschichte kaum glauben konnte. Wie konnte jemand, der solches Leid und solchen Schrecken durch andere erfahren hatte, nicht haßerfüllt und rachsüchtig sein?

Heute scheint es mir, daß die Antwort auf diese Frage die ist: Seine Verletzungen waren so schrecklich, daß er von dem übermächtigen Haß, den sie hätten auslösen können, völlig überwältigt worden und der Rest seines Lebens zerstört gewesen wäre, hätte er ihn zugelassen. Man könnte die Liebe in solch extremen Umständen als eine Art Überlebensinstinkt sehen. Durch die Liebe und seine eigene inspirierende Charakterstärke konnte der Mann sich von seinen Folterern befreien und sich selbst ein neues Leben schaffen.

Die meisten Menschen müssen solche extremen Erfahrungen der Angst und der Hilflosigkeit niemals machen. Und die meisten Menschen lernen nie, ihr Leben durch die umwandelnde Kraft der Liebe davor zu beschützen, von ihren eigenen kleinen Haßgefühlen ausgehöhlt zu werden. Es kann schwierig sein, diese Anstrengung zu unternehmen, und sie ziehen es vor, einen gewissen Grad der Angst und des Ärgers als unausweichlichen Teil des Lebens anzunehmen.

Aber wenn Ihr Kind gequält wird, empfindet es vielleicht starke Angst und Haß, die ihm einen großen Anreiz bieten, sich damit auseinanderzusetzen. Und Sie haben vielleicht solch schockierend mörderische Gefühle gegenüber den Menschen, die es verletzen und bedrohen, daß auch Sie bereit sind, recht radikale Methoden anzuwenden.

Wenn Sie einige der Ideen aus diesem Buch verfolgt haben, haben Sie bereits begonnen mit der unglaublichen Aufgabe, die eigenen Feinde zu lieben. Sie haben aufgehört, sie zu bewerten, und Schuldzuweisungen und Schuldgefühle losgelassen. Sie haben sie akzeptiert, wie sie sind und erwarten nicht von ihnen, daß sie sich ändern, sondern sind eher darauf vorbereitet, die Verantwortung zu übernehmen, sich selbst zu ändern. Und sie haben geübt, zu lieben einfach aus Freude am Lieben, ohne Bedürfnis und Erwiderung.

Diese Schritte können dazu beitragen, die Macht der Angst und des Hasses in Ihrem Leben herunterzuschrauben. Aber das Vergeben wird Sie schließlich befreien.

Vergeben . . . und vergessen
Viele Menschen wollen nicht vergeben, weil Sie einfach nicht einsehen, warum sie es sollten. Das Wichtige am Vergeben ist jedoch, daß Sie es nicht für das Wohl Ihres Feindes tun, sondern für sich selbst. Tauschen Sie also das „Warum sollte ich vergeben?" gegen „Ich kann vergeben: Ich habe die Kraft dazu!" aus.

Viele Menschen wollen nicht vergessen. Wenn sie verletzt worden sind, halten sie das Leiden lieber wach und nähren ihren Groll, weil sie Angst haben, wieder verletzt zu werden. Sie denken, daß sie sich so davor schützen können. Tatsächlich ermöglichen sie so nur der Vergangenheit, die Gegenwart und auch die Zukunft zu vergiften.

Vergeben bedeutet, sich von der Vergangenheit mit allem Leiden und aller Angst zu befreien und in der Gegenwart, in diesem Moment zu leben. Die Fähigkeit, zu vergeben, kann einen großen Unterschied ausmachen: den Unterschied nämlich zwischen Glücklich- und Unglücklichsein. Trotzdem ist es sehr einfach und schnell zu machen.

Außerdem müssen Sie es nur einmal tun. Es ist eher ein Akt als ein Prozeß. Wenn danach wieder schlechte Gefühle aufkommen, sagen Sie sich einfach „Ich habe mich damit auseinandergesetzt und es ist abgeschlossen!"

Es gibt verschiedene Vorgehensweisen, wie man vergeben kann, aber ich mag die folgende am liebsten:

1. Erinnern Sie sich daran, was Sie tun, nämlich, sich von schmerzenden, negativen Gefühlen befreien.
2. Schreiben Sie alles auf, was Sie vergeben müssen:
   Du hast mein Kind außerhalb der Schule geschlagen.
   Du hast sein Mäppchen kaputtgemacht.
   Du hast den Lehrer angelogen und ihm damit Ärger gemacht.
3. Lesen Sie sich die Liste langsam durch und lassen Sie sich die volle Kraft Ihres Hasses erleben.
4. Lassen Sie ihn los. Er gehört der Vergangenheit an und hält Sie dort fest.
5. Zerknüllen oder zerreißen Sie das Papier und werfen Sie es in den Parpierkorb.

Wenn Sie möchten, können Sie es auch verbrennen oder vergraben. Egal für welche Form der Vernichtung Sie sich entscheiden, es ist eine gute Idee, auszusprechen, was diese symbolische Handlung wörtlich bedeutet. Sie können sich Ihren eigenen Spruch ausdenken. Meiner lautet:

Ich habe mich dazu entschlossen, dir zu vergeben und das, was passiert ist, in der Vergangenheit zu belassen. Ich erwarte nichts von dir und wünsche dir auch nichts Böses.

Ich lasse dich frei sein, dein Leben zu leben und befreie damit mich, so daß auch ich mein Leben leben kann. So sei es.

Es mag eine große Aufgabe sein, den Kindern zu vergeben, die Ihr Kind piesacken, und vielleicht möchten Sie ja zuerst an Ihrer Familie und Ihren Freunden üben. Fangen Sie mit kleinen Dingen an, zum Beispiel, wenn Ihr Partner vergißt, auf dem Heimweg noch einzukaufen, oder wenn Ihr Chef Ihnen etwas ankreidet, das Sie nicht getan haben. Probieren Sie aus, wie es sich anfühlt, einfach freiwillig loszulassen und zu vergeben.

Vergessen Sie auch nicht, daß Sie auch sich selbst für Ihre eigenen Fehler vergeben können. Auf diese Weise können Sie Ihr Selbstwertgefühl steigern, denn es hilft Ihnen,

Ihre eigenen Schwächen genau wie Ihre Stärken anzunehmen. Außerdem bedeutet es, daß Sie in Zukunft weniger Angst haben werden, Fehler zu machen.

Vergeben ist eine Methode, die Fesseln zu zerreißen und die Kontrolle zu übernehmen. Wenn Ihr Kind zum ersten Mal fähig ist, seinen Peinigern zu vergeben, selbst wenn es sich nur um einen winzigen Vorfall oder eine kleine Beleidigung handelt, wird es verstehen, daß Vergeben ein Weg zur Macht ist.

Wenn Ihr Kind geärgert wird, wird es sicherlich Angst empfinden, und Sie werden wahrscheinlich ebenfalls Angst um es haben. Sie können nur dann vermeiden, übermäßig beschützend zu sein und Ihr Kind damit vom wirksamen Umgang mit seiner Angst abzuhalten, wenn Sie effektiv mit Ihrer Angst umgehen.

Mit Angst effektiv umgehen, bedeutet vor allem, sich einzugestehen, daß Sie Angst haben. Dann können Sie die Methoden anwenden und damit vermeiden, daß Ihre Angst Sie von Ihrem eigenen Leben abhält und Ihr Kind von seinem.

Wenn Sie auch versuchen, in anderen Lebensbereichen mit weniger Angst zu leben, geben Sie ein gutes Rollenmodell für Ihr Kind ab. Sie werden ihm helfen, zu erkennen, daß selbst etwas anscheinend so Negatives wie Angst, wertvolle Lektionen über Mut und Liebe in sich bergen kann.

Kapitel 8

Sie helfen Ihrem Kind und gewinnen Einsichten für Ihr Leben

Wenn Sie sich mit Ihrem Kind durch die Ansätze dieses Buches hindurcharbeiten, kann Sie das zu einigen überraschenden Einsichten in Ihr Familienleben und Ihre Einstellungen führen. Es kann Sie auch zu Erkenntnissen führen, die Sie nicht mit Ihrem Kind teilen können – Erkenntnisse, die speziell Sie, den erstaunlichen Job, Vater bzw. Mutter zu sein und den weiteren sozialen Kontext Ihres Lebens betreffen.

Das versteckte Erbe

Wenn Sie entdecken, wie sehr Sie Ihrem Kind dabei helfen können, seine Situation in den Griff zu bekommen und sich darüber zu erheben, indem Sie ihm einfach ein positives, selbstsicheres und bestimmtes Rollenmodell sind, werden Sie sich mit Sicherheit früher oder später fragen „Könnten es Opferhaltungen in meiner Persönlichkeit gewesen sein, die mein Kind überhaupt so verletzlich gemacht haben?" Oder noch schlimmer: Mobbingverhalten? Denn Passivität und Aggression sind die beiden Seiten ein- und derselben Münze.

Passives Verhalten, genau wie aggressives, ergibt sich aus der Vorstellung, daß nicht alle Menschen die gleichen Rechte verdient haben. Im passiven und aggressiven Denken muß es immer Gewinner und Verlierer geben. Für passive oder aggressive Menschen ist es zum Beispiel sehr schwierig, sich darauf zu verständigen, daß sie unterschiedlich sind.

Aggressive Menschen übernehmen die Kontrolle über eine Situation, weil sie das Gefühl haben, daß das ihr Recht ist. Passive Menschen denken vielleicht nicht, daß sie das Recht haben, die Kontrolle zu übernehmen, aber das heißt nicht, daß sie es nicht gerne täten. Vielleicht entwickeln sie weniger direkte Methoden, ihren Willen zu bekommen – sie werden krank oder wütend oder aufgeregt, wenn es nicht klappt, oder entziehen einfach ihre Liebe. Das sieht zwar nicht aus wie Mobbing, wenn es jedoch bedeutet, daß die Rechte eines anderen damit übergangen werden, ist es genau das.

Generationen von Frauen mußten solche Strategien ganz bewußt entwickeln, um in einer ungleichen Beziehung zu Männern einen gewissen Einfluß zu erlangen, aber aggressiv-passives Verhalten läuft oft überhaupt nicht bewußt ab.

Die Idee, daß Sie in Ihrer Elternrolle in irgendeiner Weise unterdrückend gewesen sein könnten, ist schmerzhaft, und vielleicht wollen Sie sie sofort in Bausch und Bogen abtun. Aber wenn das positive Denken, das gute Selbstwertgefühl und alles andere Ihnen nicht ganz besonders leichtgefallen sind, wird Ihnen jedes Problemfeld bereits Aspekte Ihrer Persönlichkeit gezeigt haben, derer Sie sich zuvor wohl recht unbewußt waren.

Bis ich versuchte, eine Stunde lang nichts Kritisierendes zu sagen, hatte ich beispielsweise keine Ahnung, wie wertend ich sein konnte. Bis ich mich dazu entschloß, immer das Beste zu erwarten, war mir nie aufgefallen, wie große Teile meines Denkens negativ und auf Katastrophen ausgerichtet waren.

Passiv-aggressives Verhalten ergibt sich aus der Erfahrung, ein Opfer zu sein. Und Opferhaltungen können wie ein unterirdischer Strom durch ganze Familien verlaufen. Sie kommen vielleicht in kleinen sprachlichen Hinweisen an die Oberfläche, kleinen Sätzen wie „Ich kann nichts dafür", „Ich kann nicht, weil . . .", „Jemand sollte etwas tun", „Aber was ist, wenn . . .?" Sie können sich in Abhängigkeitsmustern oder schwachen Leistungen manifestieren, aber keiner bemerkt sie, denn sie gehören zum Familiengeruch und wahrscheinlich war es schon seit Generationen so.

Ein Kind zu haben, das gepiesackt wird, macht auch Sie zum Opfer. Es kann schmerzhafte Opfergefühle in Ihnen wiedererwecken, die aus Ihrer eigenen Kindheit stammen. Erfahrungen der Hilflosigkeit, der Wut und des Schreckens können in der Kindheit überwältigend gewesen sein, und Kinder lernen Techniken, wie sie mit diesen schwierigen Gefühlen umgehen können, ihnen aus dem Weg gehen oder sie verkleiden, wenn ihnen nicht dabei geholfen wird, sie aufzulösen. Kindliche Unsicherheit kann sich zum Beispiel im Erwachsenenleben in Unflexibilität verhärten. Auf diese Weise werden solche Gefühle unsichtbar.

Ein Kind zu haben, das unterdrückt wird, gibt Eltern eine zweite Chance, die Bereiche, in denen sie Opfer sind, anzuerkennen und zu verarbeiten, dieses Mal mit der Hilfe eines Erwachsenen – sich selbst. Es ist eine schmerzhafte Beschäftigung, aber das Gute daran ist, daß es genügt, diese unbewußten Bereiche anzuerkennen. Sobald sie bewußt werden, haben sie keinen negativen Einfluß mehr auf Ihr Leben und sind nicht mehr länger ein verstecktes Erbe für Ihre Kinder.

Der Zauberspiegel

Wenn Sie erkennen, daß die Opferhaltungen Ihres Kindes zu seiner Situation beigetragen haben und diese Haltungen von Ihnen auf Ihr Kind übergegangen sein könnten, werden Sie vielleicht beginnen, sich zu fragen, ob es noch andere unbewußte Dinge gibt, die Sie an Ihre Kinder weiterreichen, ohne sich darüber im klaren zu sein.

Die gute Nachricht ist, daß Sie genau sehen können, welche unbewußten Dinge Sie weitergeben, wenn Sie sich einfach Ihr Kind anschauen. Kinder leben die ungelebten

Leben ihrer Eltern und sind deshalb alle wie Zauberspiegel, die uns die geheime Seite unseres Selbst zeigen.

Nehmen wir an, Ihr Kind hat ein schreckliches Problem mit Schüchternheit. Sie sind sich vielleicht keines solchen Problems für sich selbst bewußt, weil Sie gelernt haben, sich darauf einzustellen. Sie vermeiden herausfordernde Situationen vielleicht, oder Sie haben Methoden entwickelt, wie Sie Ihr Unbehagen verstecken können. Aber die Tatsache, daß Ihr Kind dieses Problem hat, deutet auf ein ungelöstes Problem bei Ihnen hin. Wenn Sie es erkennen und für sich selbst ansprechen, werden Sie sich nicht nur aus dem einschränkenden adaptierten Verhalten befreien, das Sie über die Jahre entwickelt haben, Sie werden auch sehen, daß es für Ihr Kind kein Problem mehr darstellt.

Wenn Sie die Idee, daß Kinder das widerspiegeln, was wir in uns selbst nicht erkennen können, ziemlich schwer nachvollziehbar finden, ist es vielleicht einfacher, es zuerst in anderen Familien zu sehen. Achten Sie darauf, was Ihre Freunde über ihre Kinder sagen.

„Jamie ist so dickköpfig!"

„Andrea ist so eigensinnig!"

„Wenn Simon nur nicht so schüchtern wäre!"

Jamies Mutter betrachtet sich vielleicht selbst nicht als stur, oder Andreas Mutter sieht sich nicht als eigenwillig, und Simons Vater findet sich nicht schüchtern, aber ihren Freunden könnten diese Dinge geradezu in die Augen stechen.

Sie könnten sagen, „Ich habe überhaupt keine Probleme!" Aber tatsächlich hat jeder Probleme: Jeder braucht Probleme, sonst könnten sie gar nicht entstehen. Menschen, die denken, daß sie keine Probleme haben, projizieren sie schlicht auf jemand anderen.

Nehmen wir an, Sie haben Angst vor Hunden, können sich dieser Angst aber nicht stellen und damit umgehen. Wenn Sie Ihre Angst auf Ihr Kind projizieren und es Angst vor Hunden bekommt, passieren zwei Dinge. Erstens, Sie fühlen sich im Vergleich mit Ihrem Kind selbstsicher und zweitens können Sie sich vor dem Kontakt mit Hunden schützen unter dem Vorwand, Ihr Kind zu beschützen.

In einer Familiensituation kann ein Kind die gesamten uneingestandenen Probleme der Familie auf sich vereinen. Ein Kind zu haben, das als der Grund des gesamten Familienärgers, der Angst, der Schuld oder der Enttäuschung identifiziert ist, bedeutet, daß die wahren Gründe nicht betrachtet werden müssen. Solche Kinder sind die schwarzen Schafe in ansonsten gut funktionierenden Familien. Sie werden oft als „schwierig" bezeichnet, und mit diesem Wort beschreibt Alan Train in seinem hervorragenden Buch sowohl Täter als auch Opfer in Mobbingsituationen.

Für Eltern von „schwierigen" Kindern ist es wohl besonders wichtig, Methoden zu finden, um ihre eigenen Schwierigkeiten einzugestehen und Verantwortung für sie zu übernehmen. Aber tatsächlich ist das Beste, was Eltern für ihre Kinder tun können, so viel wie möglich über ihre eigenen dunklen Seiten herauszufinden.

Den Schatten sehen

Ein Kind lernt eher aus dem, was seine Eltern sind, als aus dem, was sie tun. Das Problem ist, daß keiner genau weiß, was sie sind, denn neben dem bekannten, bewußten Bereich des Selbst, gibt es ein weites unbekanntes Hinterland.

Stellen Sie sich vor, Ihr Leben wäre ein Film. Sie produzieren ihn, führen Regie, spielen darin und versuchen, ihn genauso hinzukriegen, wie Sie es wollen. All die Teile, die Sie nicht mögen, enden auf dem Fußboden des Schneideraumes und Sie denken nicht mehr daran. Sie erinnern sich nicht einmal mehr genau, welche es waren.

Das ist jedoch nicht das Ende der Geschichte, denn ein Kind wird nicht nur den bewußten, angenommenen Teil der Persönlichkeiten seiner Eltern erben, sondern auch all die unbewußten Teile. Sein Lebensfilm umfaßt all die zensierten und ausgesonderten Schnipsel aus Ihrem. Die Kraft und die Energie Ihres Kindes wird beim Durchforsten Ihrer nichtgewollten Dinge aufgebraucht, und das hält Ihr Kind davon ab, mit der kreativen Aufgabe weiterzukommen, sein eigenes Potential zu verwirklichen.

Das kraftspendendste, was Sie als Elternteil tun können, ist, die Schnipsel auf dem Fußboden des Schneideraumes selbst noch einmal durchzugehen. Wenn Sie versuchen, die Teile von sich, die Sie vielleicht zurückgewiesen haben, wiederzuentdecken oder Teile Ihres Selbst zu entdecken, die Sie vielleicht noch nie wahrgenommen haben, schaffen Sie mehr Balance in Ihrem eigenen Leben und lassen weniger Unfertiges zum Aufräumen für Ihr Kind übrig.

Jeder hat die Möglichkeit, alles zu sein. Wie John Lennon sagte: Wir sind alle Hitler und wir sind alle Jesus. Wenn Sie sich selbst nur als hart arbeitenden und pflichtbewußten Menschen sehen, übersehen Sie wohl Ihre Fähigkeit zur Faulheit und Ihre Impulsivität. Und das wird ein Thema für Ihre Kinder werden. Vielleicht werden diese dann getrieben, gerade so wie Sie, oder sie haben überhaupt keinen Antrieb. Aber wenn Ihre Kinder es nicht schaffen, eine Balance in ihrem Leben zu erreichen, die Sie in Ihrem nicht erreicht haben, werden sie die gleichen Entweder-oder-Muster an ihre eigenen Kinder weiterreichen.

Den Zugang zum Fußboden im Schneideraum Ihres Unbewußten können Sie auf vielerlei Arten bekommen, ohne dazu eine Therapie machen zu müssen oder Ihre Träume deuten zu lassen. Alle Informationen sind in Ihrem täglichen Leben vorhanden. Es geht nur darum, sie sehen zu lernen.

Carl Jung nannte die unbewußte Seite des Selbst den Schatten. Die Tatsache, daß sie unbewußt ist, bedeutet, daß Sie sie nicht in irgendeiner direkten Weise sehen können – Sie können nur ihren Widerschein erhaschen. Sobald Sie verstehen, daß das, was Sie sehen, Ihr eigener Schatten ist, ist er nicht mehr unbewußt und unterliegt Ihrer bewußten Kontrolle. Dieser Prozeß wird manchmal Rücknahme der Projektion genannt.

Ihren Schatten zu erhaschen ist unglaublich einfach, wenn Sie wissen, wo Sie ihn finden können und den Mut haben, hinzuschauen.

Zuerst können Sie natürlich einfach Ihr Kind anschauen. Was für Probleme hat es? Es könnten Ihre sein. Was sind seine Stärken? Es könnten Ihre unverwirklichten Träume und Möglichkeiten sein. Es sind nicht nur Fehler und Mängel, die wir dem Unbewußten überschreiben. Es können auch gute Dinge sein, die wir vielleicht nicht als solche erkannt haben, wie zum Beispiel Kreativität, wenn wir in einem Familiensystem aufgewachsen sind, das Wert auf Gleichförmigkeit legte. Es können Eigenschaften sein, wie zum Beispiel Eigenwilligkeit und Stolz, für die Kinder oft gerügt werden und die im Erwachsenenleben die Basis für Erfolge sein können.

Sehen Sie sich nun die Leute an, die Sie kennen. Denken Sie an die drei Menschen, die Sie am wenigsten leiden können, und schreiben Sie deren Namen auf. Listen Sie nun für jeden einzelnen alles auf, was Sie an ihm nicht ausstehen können. Wenn Sie damit fertig sind, denken Sie an die drei Menschen, die Sie am meisten mögen und machen Sie eine Liste von allen Dingen, die Sie an ihnen mögen. Sie haben Ihre eigenen nicht eingestandenen Schwächen und Stärken aufgelistet.

Eines der Dinge, die ich herausgefunden habe, als ich diese Methode anwandte, war, daß ich unzuverlässig bin. Ich konnte nicht glauben, daß ich das nie zuvor bemerkt hatte. Ich versprach ständig, irgendwohin zu kommen und irgendetwas zu tun, nur um im letzten Moment meine Meinung zu ändern. Wenn ich es je bemerkt hätte, hätte ich es wohl auf eine natürliche Überschwenglichkeit – ich konnte einfach nicht nein sagen – geschoben oder einfach auf die Tatsache, daß ich viel zu tun hatte. Daß ich nun um dieses Problem weiß, bedeutet, daß ich nicht mehr so viele Versprechungen mache. Und wenn ich verspreche, etwas zu tun, strenge ich mich bewußt an, es auch zu tun.

Hier sind noch ein paar Methoden, wie Sie einen Blick auf Ihren Schatten erhaschen können:

1 Versprecher

Wenn Sie etwas sagen, was Sie gar nicht sagen wollten . . .
– Ihr Schatten wollte schon!

Überlegen Sie, was Ihnen das über sich selbst sagt, und warum Sie das nicht anerkennen möchten.

2 Handlungen mit ungewollten Folgen

Wenn Sie etwas tun, das versehentlich jemanden ärgert oder etwas unterbricht, fragen Sie sich selbst: Was ist da in mir, das sich diesen Ausgang wünscht? Warum zögere ich, es mir einzugestehen?

Fragen Sie sich das Gleiche, wenn sie ungewollt etwas tun, das jemanden freut oder etwas möglich werden läßt.

3 Was die Leute über Sie sagen

Wenn jemand Sie kritisiert, widerstehen Sie der Versuchung, sich zu verteidigen und behandeln Sie das, was gesagt wurde, als ein eventuell nützliches Stück Information. Niemand ist schließlich vollkommen.

Wenn jemand Sie lobt, widerstehen Sie ebenso der Versuchung, das Gesagte abzustreiten. Vielleicht zeigt Ihnen jemand eine Stärke auf, die Sie bisher noch nicht an sich erkennen konnten.

4 Körperliche Gebrechen

Der psychische Aspekt körperlicher Symptome ist heutzutage weitgehend anerkannt. Die meisten Gebrechen haben offensichtliche sprachliche Bezüge, und es lohnt sich, auf diese zu achten. Wir benutzen das Wort „Kopfschmerzen" zum Beispiel als Ausdruck für „Problem". Wenn Ihnen etwas im Nacken sitzt, wer oder was macht Ihnen dann Kummer? Wenn Sie an Magenproblemen leiden, was können Sie nicht verdauen?

Betrachten Sie die Folgen Ihrer körperlichen Symptome. Bekommen Sie häufig Erkältungen und Infektionen, so daß Sie nicht mit anderen Leuten zusammenkommen dürfen? Vielleicht haben Sie ein starkes unbewußtes Bedürfnis nach mehr persönlichem Freiraum und Zeit für sich selbst. Wenn Sie sich das bewußt machen und sich die Zeit nehmen, die Sie brauchen, werden Sie vielleicht feststellen, daß Sie nicht mehr von jeder Grippewelle erfaßt werden.

5 Humor

Wenn Sie über etwas Witze machen, achten Sie darauf, welche Worte Sie benutzen. Was bedeuten sie, neben dem Witz? Wir wissen, daß Spötteln eine Methode ist, um Aggressionen zu verdecken, aber Humor kann ebenfalls ein ganzes Spektrum von anderen nicht eingestandenen Haltungen verdecken. Selbstverachtende Witze können zum Beispiel die tiefsten Ängste und Befürchtungen eines Menschen über sich selbst offenbaren.

6 Gegensätze

Jedes Gefühl enthält das Potential für sein Gegenteil. Paare, die bei ihrer Heirat leidenschaftliche Partner waren, können bei ihrer Scheidung erbitterte Feinde sein.

Denken Sie an alle Menschen und Dinge, gegenüber denen Sie viel empfinden und stellen Sie sich vor, daß Sie jeweils genau die entgegengesetzte Haltung haben. Was würde Ihnen das über Sie selbst sagen? Warum ist das etwas, das Sie nicht wissen wollen?

Ihre Schattenseite zu sehen ist wirklich nur eine Frage der Offenheit gegenüber anderen Möglichkeiten neben dem offensichtlichen Anschein der Dinge. Es geht darum, daß Sie sich selbst in einer Weise sehen, in der Sie sich nicht sehen wollen und gleichzeitig auf die Art, wie Sie sich sehen. Das passiert nicht ganz plötzlich, denn niemand kann jemals alles, was es über einen zu wissen gibt, entdecken. Es passiert in Augenblicken der Einsicht, die befreiend, aber auch traumatisch sein können.

Wenn Sie versuchen möchten, sich all Ihren Möglichkeiten zu öffnen, müssen Sie dies ohne Wertung tun und bereit sein, sich selbst all die Liebe und Vergebung zu geben, die Sie brauchen.

Vater oder Mutter für das innere Kind sein

Die sogenannte Arbeit mit dem inneren Kind ist eine andere Methode, versteckte Themen zu entdecken. Die Idee hierbei ist, daß wir alle das Kind, das wir einmal waren, noch in uns tragen.

Unsere ungelösten kindlichen Gefühle können durch Vorkommnisse in unserem späteren Leben wieder aktiviert werden. Das wiederum setzt eine Art sofortiger Wiederholung all der Dinge in Gang, die unsere Eltern in ähnlichen Situationen zu uns gesagt haben, als wir noch klein waren.

Nach diesem Schema haben wir alle drei innere Stimmen: die des inneren Kindes, die der inneren Eltern und die des reifen Erwachsenen.

Das innere Kind drückt sich für gewöhnlich durch Gefühle aus, denn Kinder sind Gefühlswesen, die noch nicht gelernt haben, vernünftig zu denken und sich von ihren Gefühlen zu distanzieren. Die Elternstimme ist normalerweise kritisch. Das innere Kind sagt zum Beispiel solche Dinge wie „Das ist nicht fair", „Warum sollte ich?" und „Du magst mich nicht". Die innere Elternstimme äußert sich mehr in der Art „Stell dich nicht an", „Verhalte dich deinem Alter entsprechend" und „Hör auf zu heulen".

Wenn Ihre Eltern Sie besonders stark kontrollierten, läuft Ihr innerer Dialog vielleicht so ab:

Kind: Ich möchte rausgehen.
Eltern: Nein, das willst du nicht./Du kannst aber nicht.

Kind: Ich möchte nicht rausgehen.
Eltern: Doch, das willst du./Du mußt aber.

Ihr Verhalten wird sich selbst sabotieren, denn immer, wenn Sie etwas wollen, löst das das elterliche Veto aus, und die Elternstimme in Ihnen wird Ihnen nicht erlauben, es zu haben.

Solange dieses Muster unbewußt abläuft, müssen Sie es weiter durchspielen, und irgendetwas wird Sie immer davon abhalten, das zu bekommen, was Sie sich wünschen. Sobald Sie den Eltern-Kind-Dialog bemerken, können Sie – mit der Stimme des reifen Erwachsenen- eingreifen.

Nehmen wir an, Sie möchten Urlaub machen. Ihr inneres Kind sagt: „Ich möchte Ferien machen!" Ihre inneren Eltern sagen, daß das nicht geht. Bringen Sie nun den reifen Erwachsenen mit ins Spiel. Erkennen Sie die Gefühle des Kindes an und nehmen Sie sie ernst. Selbst wenn Sie sich dieses Mal wirklich gegen einen Urlaub entscheiden müssen, weil Sie beispielsweise gerade wenig Geld haben, durchbrechen Sie das „Ich will" – „Das geht nicht" – Muster, indem Sie einen dritten Blickwinkel einbringen: „Vielleicht klappt es ja."

Ihre Kinder werden im Laufe ihres Heranwachsens Gefühle in Ihnen auslösen, die Sie in den verschiedenen Stufen Ihrer Kindheit auch erfahren haben. Ihre erste Reaktion wird wohl sein, automatisch auf Ihre innere Elternstimme zurückzugreifen. Achten Sie darauf, wenn Sie sich anhören wie Ihre Eltern und nehmen Sie Ihren eigenen Blickwinkel des reifen Erwachsenen dazu. Das wird Ihnen in jeder Situation, in der Ihr Kind Sie herausfordert, sehr helfen.

All das bedeutet nicht, daß Ihre Eltern keine guten Eltern waren, sie haben gewiß das Beste aus dem Wissen, das sie hatten, gemacht. Aber Sie leben in anderen Zeiten und können zu dieser Summe an Wissen etwas hinzufügen, genau wie Ihre Kinder das auch tun werden. Auf diese Weise reifen und wachsen Eltern durch die Erfahrung, Eltern zu sein. Das funktioniert wie in der Evolution.

Es gibt viele Bücher über die Arbeit mit dem inneren Kind, wenn Sie diesen Punkt vertiefen wollen. Fürs erste habe ich hier eine einfache Übung für Sie. Viele Therapeuten verwenden sie bei Klienten mit den verschiedensten Problemen, obwohl sie ursprünglich von Penny Parks für Opfer von Kindesmißbrauch entwickelt wurde. Sie stammt aus ihrem Buch *Rescuing the „Inner Child"*, das eine detaillierte Beschreibung dieser Selbsthilfemethode enthält.

1. Schreiben Sie ein halbes Dutzend Kindheitserfahrungen auf, an die Sie sich als bestürzend oder erschütternd erinnern.
2. Wählen Sie eine davon aus.
3. Schreiben Sie einen Brief vom Erwachsenen an das innere Kind, in dem Sie es bitten, zu erzählen, was geschehen ist.
4. Schreiben Sie einen Brief von Ihrem inneren Kind, in dem es den Vorfall erzählt.
5. Danken Sie in einem weiteren Brief dem inneren Kind dafür, daß es diese schreckliche Erfahrung mit Ihnen geteilt hat. Zeigen Sie Mitgefühl. Ergänzen Sie diesen Bericht um den Blickwinkel des Erwachsenen. Sagen Sie Ihrem inneren Kind, daß Sie immer da sein werden, wann immer es Liebe und Unterstützung braucht.
6. Schreiben Sie eine Rettungsszene. Gehen Sie zusammen mit Ihrem inneren Kind durch diese Erfahrung und tun Sie dann, was immer Sie wollen, um es zu schützen und zu retten. Sie können so gewalttätig sein wie Sie möchten! Sie können übermenschliche Kräfte einsetzen! Sie können fliegen! Gestalten Sie die Szene so ausführlich und dramatisch wie Sie es möchten und genießen Sie es.

Sich Ihren eigenen Schatten ansehen und Ihr inneres Kind kennenlernen sind Methoden, um Dinge über sich herauszufinden, die Sie vorher nicht wußten oder vergessen haben. Je besser Sie sich selbst kennen, umso kleiner ist der Anteil an Ihrem eigenen unsichtbaren Gepäck, den Ihr Kind weitertragen muß, und umso mehr wird es fähig sein, sein eigenes Selbst auszuleben.

Diese Arbeit wird Ihnen nicht nur Einblicke in Ihre eigene Persönlichkeit und in Ihre Familie ermöglichen. Sie wird auch Dinge in Ihrer gesamten sozialen Umgebung aufdecken, die Sie zuvor noch nicht bemerkt haben.

Eine mobbende Umgebung

Wenn etwas schiefgeht, können Sie Ihre Probleme in Möglichkeiten verwandeln, indem Sie sich fragen „Was sagt mir das über mich selbst?" und „Was kann ich an mir verändern, um dieses Problem zu lösen?" Das ist die Anleitung dafür, kein Opfer zu sein.

Wenn Sie mit dieser Arbeit beginnen, werden Sie vielleicht überrascht sein, festzustellen, daß es sehr gegen die soziale Ordnung geht, persönlich Verantwortung zu übernehmen.

Immer, wenn ein Unfall oder eine Katastrophe passiert oder auch nur ein einfacher Fehler auftritt, schaut jeder sich nach jemandem um, dem er die Schuld geben kann. Kinder, die sitzenbleiben, schieben es auf die Schule. Kranke Menschen verklagen ihre Ärzte. Die kleinen Leute geben den Politikern die Schuld, und die Politiker beschuldigen einander.

Wenn wir anderen Leuten Schuld zuweisen, weisen wir unserer Situation die Schuld zu. Wir werden ermutigt, zu denken, daß unser Wohlbefinden von äußeren Faktoren abhängig ist: Wir brauchen das richtige Auto, den richtigen Job, das passende Haus, um glücklich zu sein. Anstatt die Verantwortung für unser eigenes Glück zu übernehmen und das schätzen zu lernen, was wir haben, schieben wir die Schuld auf all das, was wir nicht haben, und bleiben unzufrieden. Sobald wir eine Sache bekommen, wollen wir schon die nächste. Auf diese Weise machen wir uns selbst zu hilflosen Opfern der Umstände.

Wir suchen dauernd nach etwas, das uns glücklich macht, und werden außerdem noch ermutigt, sofortige

Befriedigung für all unsere Bedürfnisse zu erwarten. Diese Haltung zerstört unsere Fähigkeit, mit Frustrationen zurecht zu kommen, und das ist eines der Probleme, die sowohl die Opfer als auch die Täter in Mobbingsituationen teilen.

Und wir haben so viel Angst! Wir fürchten uns vor Krankheit, Arbeitslosigkeit und Kriminalität, vor dem Bekenntnis zueinander und vor Scheidung, vor dem Elternsein und vor der Kinderlosigkeit, vor dem Tod. Die vorherrschende Haltung ist die, sich der Angst nicht mit der gesunden Einstellung zu stellen, daß die Dinge eben so sind, sondern die Umstände so zu manipulieren, daß wir die Angst umgehen können.

Auf diese und viele andere Weisen kann die Welt, in der wir leben, uns alle zu Opfern machen. Die gute Nachricht ist aber: Soziale Veränderungen fangen beim einzelnen an. Wenn Sie beginnen, Ihre eigene Haltung zu verändern, werden Sie einen sofortigen Domino-Effekt in der Haltung Ihrer Familie und Ihrer Freunde bemerken. So wie Sie sich ändern, werden auch wieder die Menschen um Sie herum angesteckt. Der Flügelschlag des Schmetterlings hat schließlich auch auf der anderen Seite des Globus seine Folge.

Ihr mächtiges Kind

Es gibt das Paradox, daß ein neugeborenes Kind unglaublich hilflos und unglaublich mächtig ist. Es hat die Macht, Menschen dazu zu veranlassen, es völlig fraglos und bedingungslos zu lieben, ja selbst ihr Leben zu geben, wenn es darauf ankäme.

Ein Kind, das gequält wird, braucht mehr denn je die mächtige Erfahrung, bedingungslos geliebt zu werden. Solange Sie möchten, daß es sich ändert – weniger unglücklich, weniger verletzlich, weniger ängstlich, bestimmter, offener, weniger wütend ist – nehmen Sie es nicht so an, wie es ist. Diese Veränderungen aber bei sich selbst durchzuführen – selbst glücklicher zu werden usw. – und diese Veränderungen Ihrem Kind vorzuleben, ist eine Handlung der bedingungslosen Liebe. Das wird zu den Veränderungen bei Ihrem Kind führen, die Sie sich wünschen, ohne für Ihr Kind eine Zurückweisung zu bedeuten.

Liebe ist die eine Sache, die einem Kind Macht gibt; die andere ist Wissen. Ihr Kind muß folgende Dinge wissen:

- Obwohl es nicht beeinflussen kann, wie andere Leute sich ihm gegenüber verhalten, kann es seine Reaktion auf das Verhalten der anderen Leute beeinflussen.

- Obwohl es sich nicht aussuchen kann, was in seinem Leben passiert, ist Glücklichsein eine positive persönliche Wahl.

- Es ist ein einzigartiger und wunderbarer Mensch, der genau die gleichen Rechte hat wie jede und jeder andere auch.

- Es kann die Kraft seiner Wut dazu nutzen, sich zu schützen, ohne deshalb jemand anderen angreifen zu müssen.

- Angst ist die einzige Möglichkeit, Mut zu erleben, und die einzige Möglichkeit, zu wachsen ist die, sich seiner Angst zu stellen.

Wenn Ihr Kind diese Lektionen lernen kann, werden Sie ihm nicht nur dabei helfen, weniger verletzlich zu sein und weniger Angst davor zu haben, von anderen gepiesackt zu werden, was wiederum bedeutet, daß das Mobbing ein Ende finden wird. Diese Lektionen werden ihm auch helfen, überhaupt weniger verletzlich zu sein und ganz allgemein weniger Angst zu haben. Und das wird Ihr Kind in die Lage versetzen, all seine Möglichkeiten in den verschiedenen Lebensbereichen voll auszuschöpfen.

Nützliche Adressen

Deutschland

Folgende zentralen Beratungsstellen leisten grundsätzliche Hilfestellungen auch zu allen Fragen der Gewalt und des Mobbings unter Kindern und weisen auf Beratungsmöglichkeiten vor Ort hin

Kinder- und Jugendtelefon
Tel.: 0800-11-10333
Telefonberatung für Kinder und Jugendliche

Deutscher Kinderschutzbund e.V.
Schiffsgraben 29
D-30159 Hannover
Tel.: 0511-30485-0

Bundesarbeitsgemeinschaft der Kinderschutz-Zentren e.V.
Spichernstr.55
D-50672 Köln
Tel.: 0221-569753

Innovativer Schüler Schutzbund e.V.
http://www.schueler-notruf.de/

Evangelische Konferenz für Familien- und Lebensberatung e.V. Fachverband für Psychologische Beratung und Supervision (EKFuL)
Ziegelstr. 30
D-10117 Berlin
Tel.: 030-283039-27 und -28

Deutscher Caritas-Verband
Lorenz-Werthmann-Haus
Karlstr.40
D-79104 Freiburg
0761-2000

Verband Anwalt des Kindes e.V.
Siegelweg 28
D-30519 Hannover
tel.: 0511-8386731

Sozial-und Jugendämter der Länder bzw. Städte
Adressen und Telefonnummern im örtlichen Telefonbuch

**Städtische Psychologische Beratungsstellen
(Psychosozialer Dienst)**
Adressen und Telefonnummern im örtlichen Telefonbuch

Österreich

**Österreichischer Kinderschutzbund/Verein für gewaltlose
Erziehung**
Obere Augartenstraße 26-28
A-1020 Wien
Tel.: 01-3325001

Kinderfreunde Österreich
Rauhensteingasse 5
A-1010 Wien
Tel.: 0512-129851

**Beratungstelefon des Amtes für Jugend und Familie,
MAG ELF-Telefon:**
Tel.: 01-4000-8011

Wiener Kindertelefon
Tel.: 01-319-6666

Kinder- und Jugendanwaltschaft
Sobiekigasse 31
A-1090 Wien
Tel.: 01-1708

Schweiz

Schweizerischer Kinderschutzbund
Brunnmattstr.38
CH-3000 Bern
Tel.: 031-3820233

Sorgentelefon für Kinder GmbH
Tel.: 0800- 554210

Kindertelefon (KEB)
Tel.: 033-8221312

Kinder- und Jugend-Psychologische Dienste bzw.
Schulpsychologische Dienste,
Erziehungsberatungsstellen *und*
Kinder- und Jugend-Psychiatrische Dienste
sind in jeder Region vertreten - Adressen und Telefon-
nummern im örtlichen Telefonbuch.

Gewußt wie!

Walter Pacher
Wenn Kinder ihre Macht erproben
Freiheit lassen und Grenzen setzen
Band 4793
Der erfahrene Gordon-Trainer zeigt, wie es ohne Niederlagen geht,
wenn Kinder und Eltern unterschiedliche Vorstellungen, Wünsche und
Bedürfnisse haben.

Daniela Liebich
Mit Kindern richtig lernen
Ein Ratgeber für Eltern
Band 4787
Die Autorin zeigt: Spielerisches Lernen löst Blockaden auf.

Maria Montessori
Kinder richtig motivieren
Herausgegeben von Ingeborg Becker-Textor
Band 4749
Wie Sie Kindern die richtigen Impulse geben, damit dann alles wie
von selbst geht, das zeigen diese Texte der großen Pädagogin.

Daniela Blickhan/Isolde Seidel
Mama, die Schule nervt mich!
Wie Eltern ihren Kindern und sich selbst mit NLP helfen
können
Band 4719
Die Autorinnen zeigen, wie es möglich ist, die vorhandenen
Ressourcen des Kindes zu entdecken und aktiv zu nutzen.

Renate Feuerlein
Du kannst es
Erfolgreich lernen mit Kinesiologie
Band 4680
Übungen und Geschichten zur Konzentration, zur Beruhigung, aber
auch zur Aktivierung.

HERDER spektrum

Fröhliche Kinder – glückliche Eltern

Trish Magee
Das Geheimnis glücklicher Eltern
52 Tips, um eine glückliche Familie zu sein
Band 4732
Wunderbare praktische Weisheiten für den Familienalltag –
Trish Magee macht Lust, das Positive zu entdecken.

Gerlinde Unverzagt
Kinder, vertragt euch doch!
Warum Geschwister nicht nur friedlich sein können
Band 4712
Was ist richtig, wenn Geschwister sich streiten? Die Autorin
entwickelt praktikable Leitlinien für den Umgang mit solchen
Situationen.

Dorothy Law Nolte/Rachel Harris
Heute schon dein Kind gelobt?
19 gute Regeln für Eltern
Band 4790
Kinder lernen, was sie erleben und erfahren. Mit positiven Signalen
geben Eltern ihren Kindern Ermutigung, Selbstvertrauen und klare
Orientierung.

Nancy Fuchs
Sonne für die Kinderseele
Spiritualität im Alltag
Band 5501
Mit Kindern wachsen! Ein Buch mit vielen Anregungen für Eltern,
denen es auch um die Seele ihrer Kinder geht.

Ulrike und Christa Marwedel
Was Kinder brauchen – was Eltern gut tut
Transaktionsanalyse für den Familienalltag
Band 4509
Die Autorinnen raten: gut zu sich selbst sein – nur so kann es auch
den Kindern gutgehn.

HERDER spektrum

Michael Rohr
Freiheit lassen – Grenzen setzen
Wie Eltern Sicherheit gewinnen und ihren Kindern
Halt geben
Band 4618
Der kompetente Kinderarzt ermutigt Eltern, mit den Kindern
zusammen das sensible Gleichgewicht zwischen Freiheit und
Begrenzung immer wieder neu zu finden.

Rebeca Wild
Kinder wissen, was sie brauchen
Hrsg. von Lienhard Valentin
Band 4605
Wie Eltern umdenken können: Um ihre Anlagen zu entwickeln und
glücklich zu sein, brauchen Kinder viel weniger, als Erwachsene oft
denken.

Eva Zoller
Die kleinen Philosophen
Vom Umgang mit „schwierigen" Kinderfragen
Band 4344
Typische Kinderfragen können einem häufig die Sprache verschlagen.
Neue Möglichkeiten für die „Großen", ihren „Kleinen" zu begegnen.

Monika Hoffmann-Kunz
Lieben statt verwöhnen
Kindern Zuneigung schenken und Grenzen setzen
Band 4323
Das Dauerthema: Wie Eltern den richtigen Weg zwischen Liebe und
Verwöhnen finden können.

Walter Pacher
Wenn Kinder immer anders wollen
Mehr Sicherheit und Gelassenheit für Eltern
Band 4118
Zuckerbrot und Peitsche sind keine Wundermittel gegen kleine
Querulanten! Mehr wirkt da schon ein klärendes Gespräch am runden
Familientisch.

HERDER spektrum

Die schwierigen Jahre

Eva Simon
Wenn die Kinder aus dem Haus gehen
Mit Geschichten aus dem täglichen Leben
Band 4771
Witzige, treffende, tiefsinnige Geschichten und weiterführende
Kommentare einer betroffenen Mutter und erfahrenen Pädagogin.

Marianne Arlt
Pubertät ist, wenn die Eltern schwierig werden
Tagebuch einer betroffenen Mutter
Band 4100
Marianne Arlt erzählt von heftigen Erfahrungen und wie man
trotzdem ganz gut mit ihnen leben kann.

Marianne Arlt
Welt, ich komme!
Der Pubertät 2. Teil
Tagebuch einer entnervten Mutter
Band 4411
In der 2. Hälfte der Pubertät geht es erst richtig los. Da hilft nur eins:
Raus mit den Kids! Denn draußen pulst das wahre Leben, hart, aber
gerecht.

Allan Guggenbühl
Pubertät – echt ätzend
Gemeinsam durch die schwierigen Jahre
Band 5513
Eltern müssen nicht alles regeln und im Griff haben.
Eine Orientierungshilfe für Eltern heranwachsender Kinder.

Karin Meinert
Weil's bei Mama so bequem ist
Wie man Nesthocker los wird, bevor es zu spät ist
Band 4600
Warum es allen gut tut, wenn Nesthocker endlich flügge werden und wie
man sie erfolgreich dazu bringt, zeigt dieses witzige und praktische Buch.

HERDER spektrum